하늘미소

초급 · 중급 · 고급 단계별로 연주하는

참 좋은 **CCM** 바이올린 연주곡집

일신서적출판사

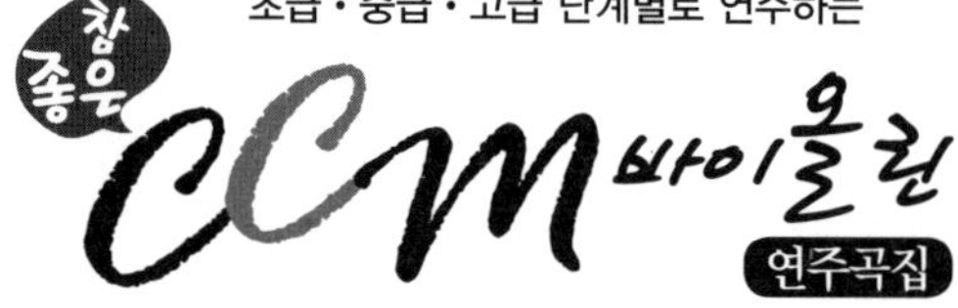

하늘마음
초급·중급·고급 단계별로 연주하는
참 좋은 CCM 바이올린
연주곡집

나팔 소리로 찬양하며

비파와 수금으로

찬양할지어다

소고 치며 춤 추어 찬양하며

현악과 퉁소로

찬양할지어다

시편 150편 3~4절

머리말

[참 좋은 CCM 바이올린] 연주곡집은 CCM을 바이올린으로 쉽고 자연스럽게 연주하고 싶어하는 많은 학습자들을 위해 만들었습니다.

많이 알려진 베스트 CCM과 최근 발표된 은혜로운 곡들 중 바이올린으로 연주하기에 좋은 곡들을 선곡하여 연주 난이도에 따라 초급, 중급, 고급으로 구분하여 실었습니다.

이 책이 바이올린 연주자들에게 하나님을 찬양하는 도구로 쓰임 받기를 소망합니다.

끝으로 이 책이 출간되는데 많은 도움을 주신 황운순 선생님께 감사드립니다.

2023년 6월 편저자 황민경

좋으신 하나님

E. K. Rusthoi 작사, 작곡

G
Am7
D
G
좋 으 신 하 나 님
우 리 의 기 도 를
좋 으 신 하 나 님
응 답 해 주 시 는

G
C
G/D
D7
G
참 좋 으 신 나 의 하 나 님
참 좋 으 신 나 의 하 나 님

왕이신 나의 하나님

Psalm 145

Stephen Hah 작사, 작곡

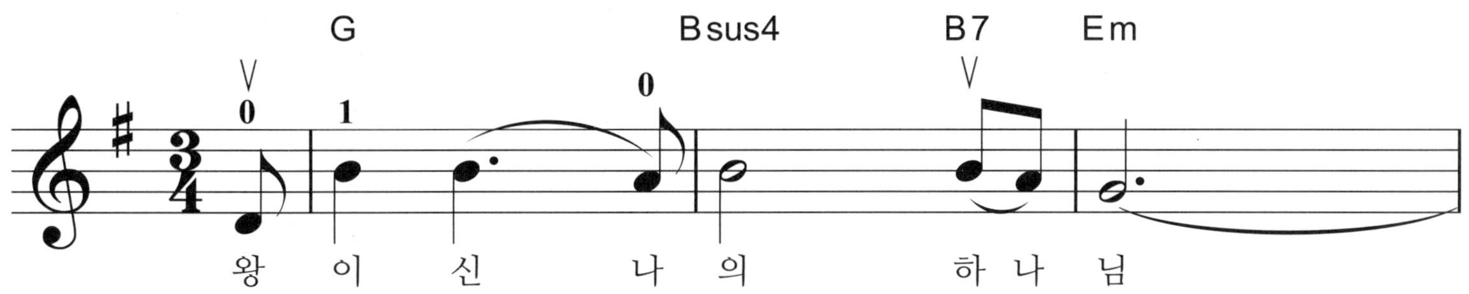
G   Bsus4   B7   Em
왕 이 신 나 의 하 나 님

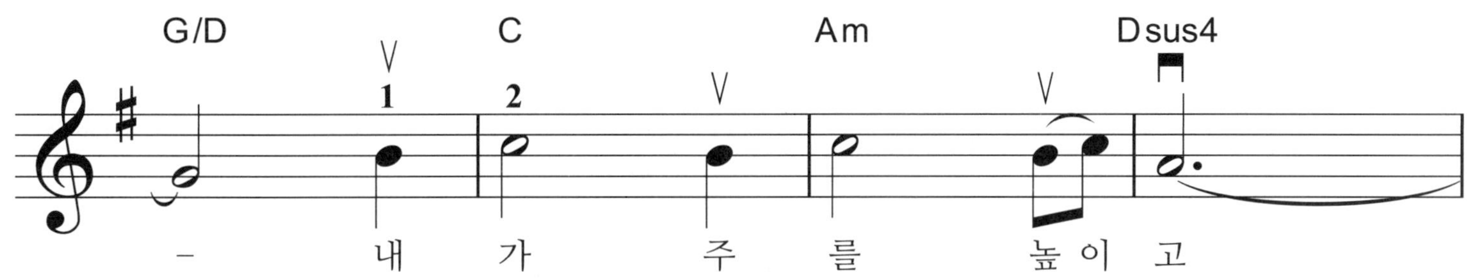
G/D   C   Am   Dsus4
— 내 가 주 를 높 이 고

D7   G   B7   Em
— 영 원 히 주 의 이 름 을

G/B   C   D7   G   C/G   G
— 송 축 하 리 이 다 —

평안을 너에게 주노라

My Peace I Give Unto You

Keith Routlege 작사, 작곡

평안을 너에게 주노라 — 세상
사랑을
이 줄 수 없는 — 세상
이 알 수 도 없는 평 — 안
사 — 랑
평 — 안 평 — 안 평안
사 — 랑 사 — 랑 사랑
을 네 게 주 노 라 —

주님의 시간에

In His Time

Diane Ball 작사, 작곡

Am7   C/D D7   G   Em
주 님 의 — 시 간 에 — 그 의
기 다 려 — 그 때 를 — 그 의

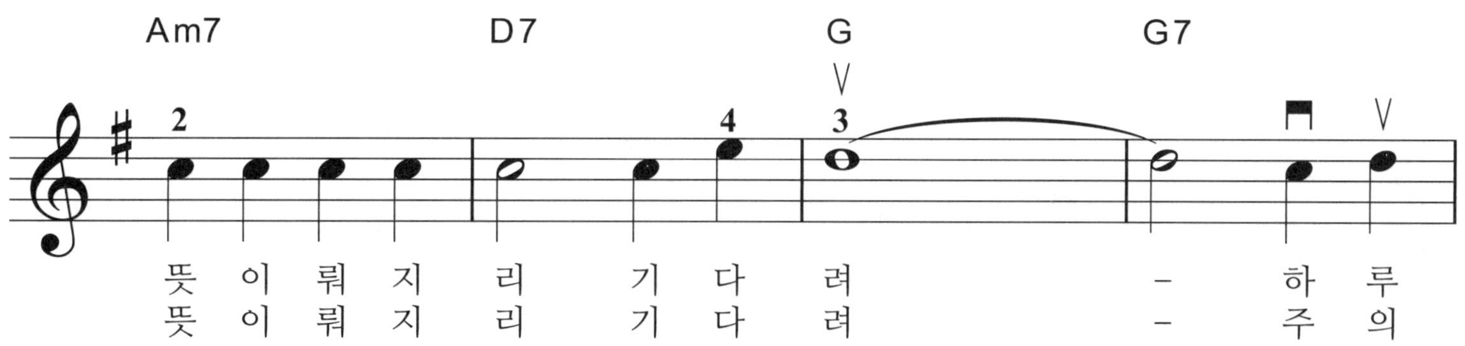

Am7   D7   G   G7
뜻 이 뤄 지 리 기 다 려 — 하 루
뜻 이 뤄 지 리 기 다 려 — 주 의

C   D   Bm   Em
하 루 살 동 안 주 님 인 도 하 시 니 주 뜻
뜻 이 뤄 질 때 우 리 들 의 모 든 것 아 름

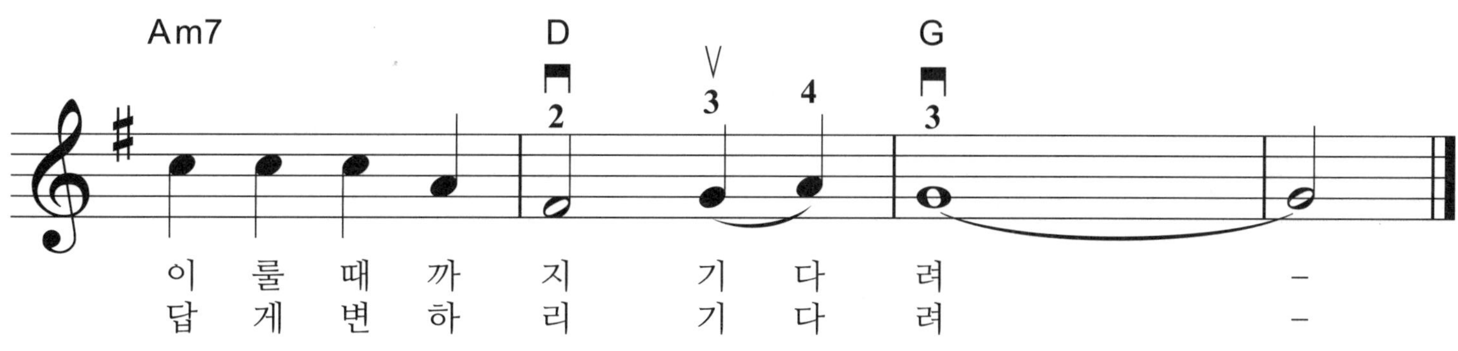

Am7   D   G
이 룰 때 까 지 기 다 려 —
답 게 변 하 리 기 다 려 —

내게 있는 향유 옥합

박정관 작사, 작곡

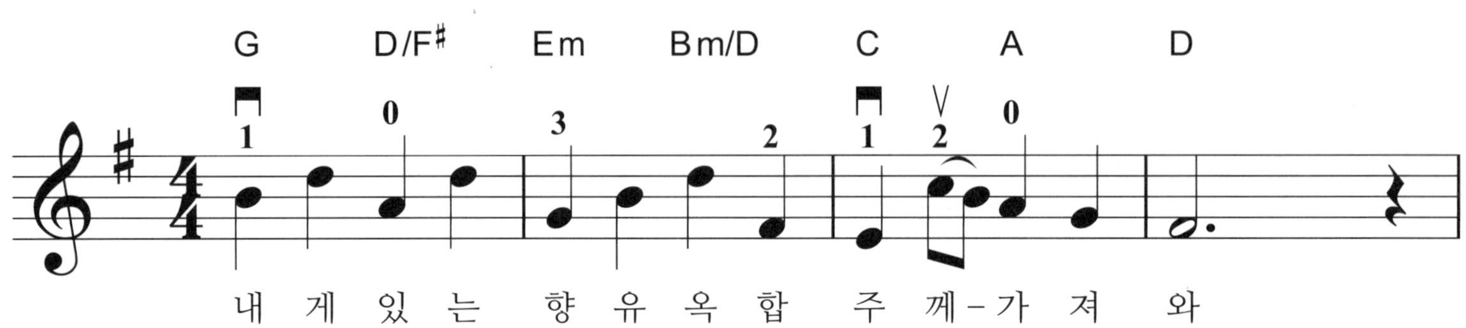

G   D/F#   Em   Bm/D   C   A   D
내 게 있 는 향 유 옥 합 주 께 - 가 져 와

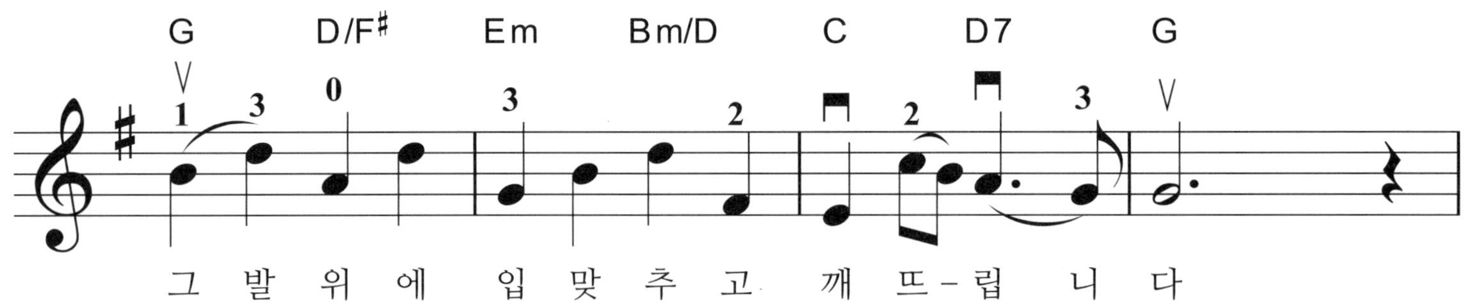

G   D/F#   Em   Bm/D   C   D7   G
그 발 위 에 입 맞 추 고 깨 뜨 - 립 니 다

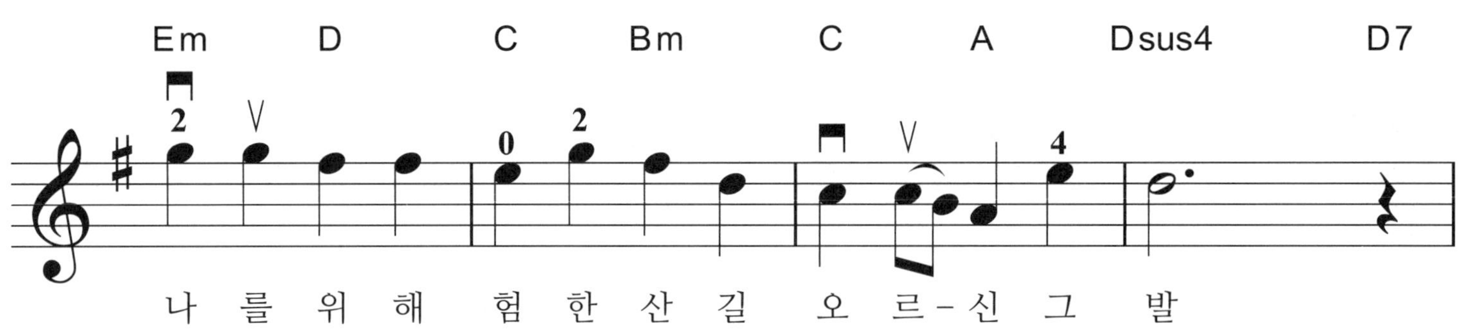

Em   D   C   Bm   C   A   Dsus4   D7
나 를 위 해 험 한 산 길 오 르 - 신 그 발

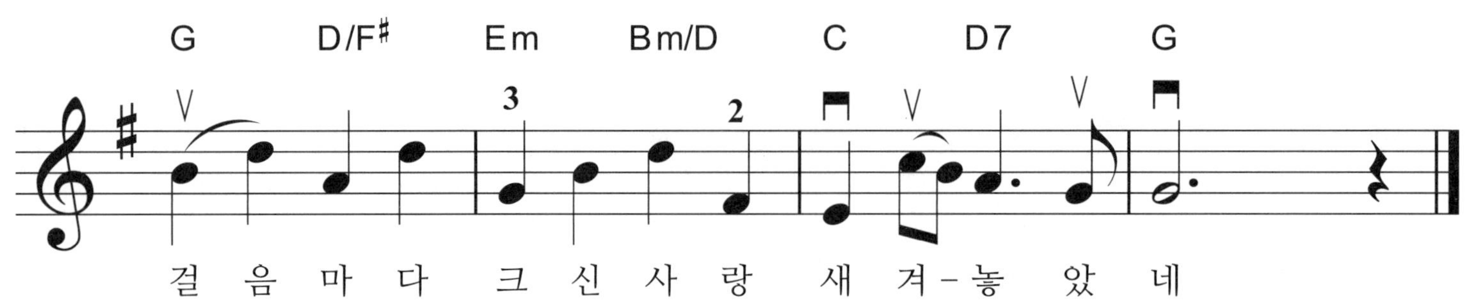

G   D/F#   Em   Bm/D   C   D7   G
걸 음 마 다 크 신 사 랑 새 겨 - 놓 았 네

주께 와 엎드려

I Will Come And Bow Down

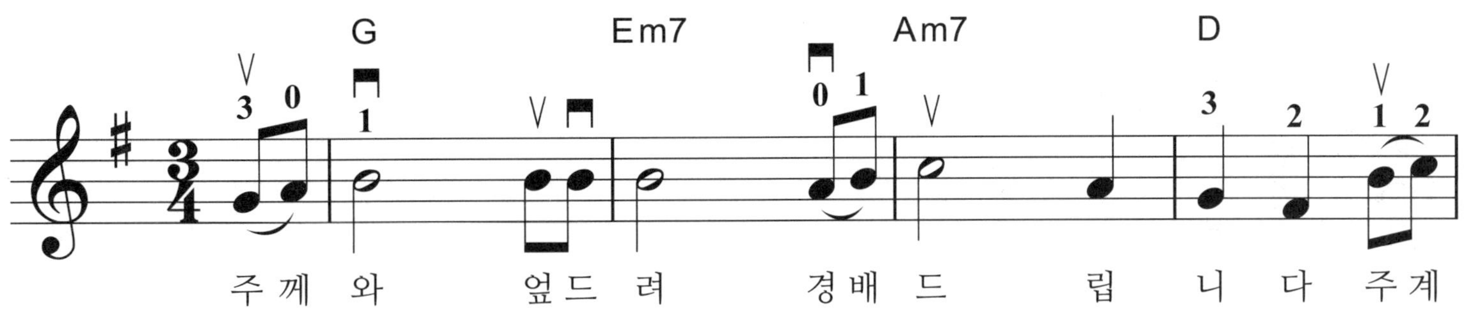
주께 와 엎드려 경배 드 립 니 다 주계

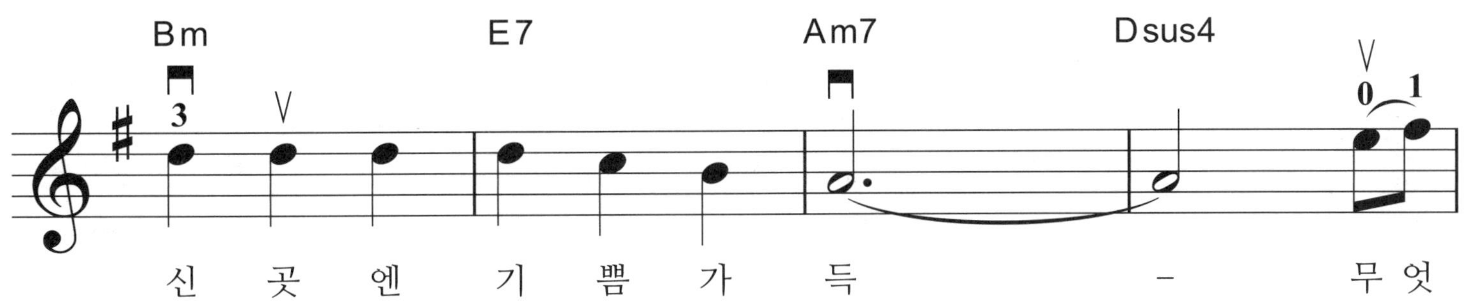
신 곳 엔 기 쁨 가 득 － 무 엇

과 도 누구 와 도 바꿀 수 없 네 예 배

드 림 이 기 쁨 됩 니 다 －

주의 인자는 끝이 없고

The Steadfast Love Of The Lord

Edith McNeill 작사, 작곡

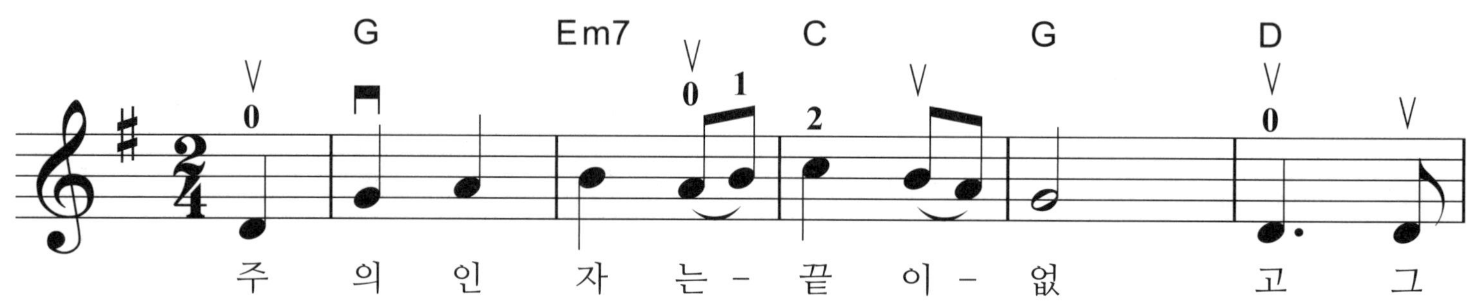
주 의 인 자 는 - 끝 이 - 없 고 그

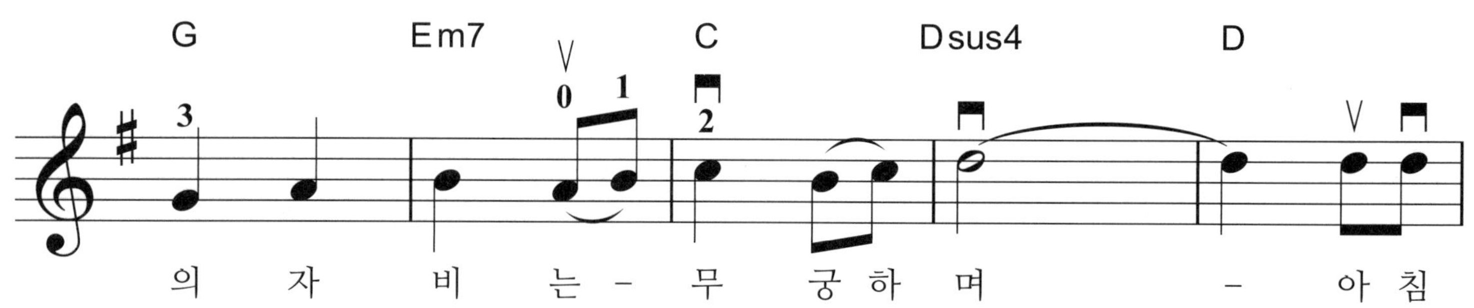
의 자 비 는 - 무 궁 하 며 - 아 침

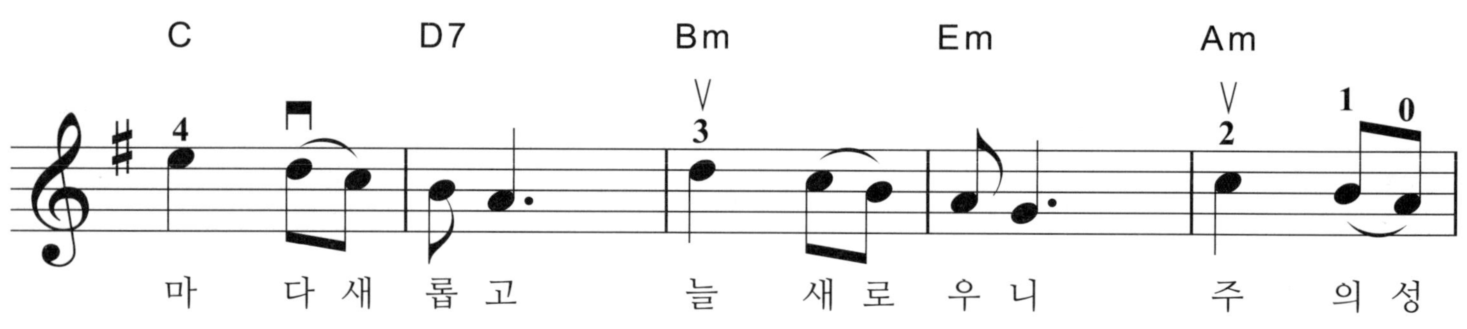
마 다 새 롭 고 늘 새 로 우 니 주 의 성

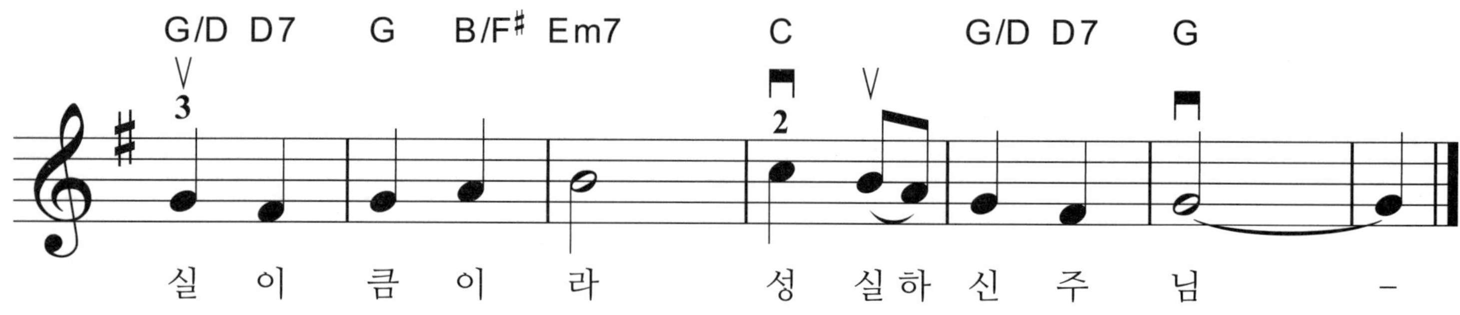
실 이 큼 이 라 성 실 하 신 주 님 -

먼저 그 나라와 의를 구하라

Seek Ye First

Karen Lafferty 작사, 작곡

G Bm C G C G D7
먼 저그나 라와 의를구하라   그 나라와 그의 를
G Bm C G C G D7 G
그 리하면 이 - 모 - 든것을   너희 에게더 하시 리   라
G Bm C G C G D7
할 렐 루 야 할 렐 루 - 야
G Bm C G C G D7 G
할 렐 루 야 할 렐 - 루 할렐루 야

승리하였네

We Have Overcome

Daniel Gardner 작사, 작곡

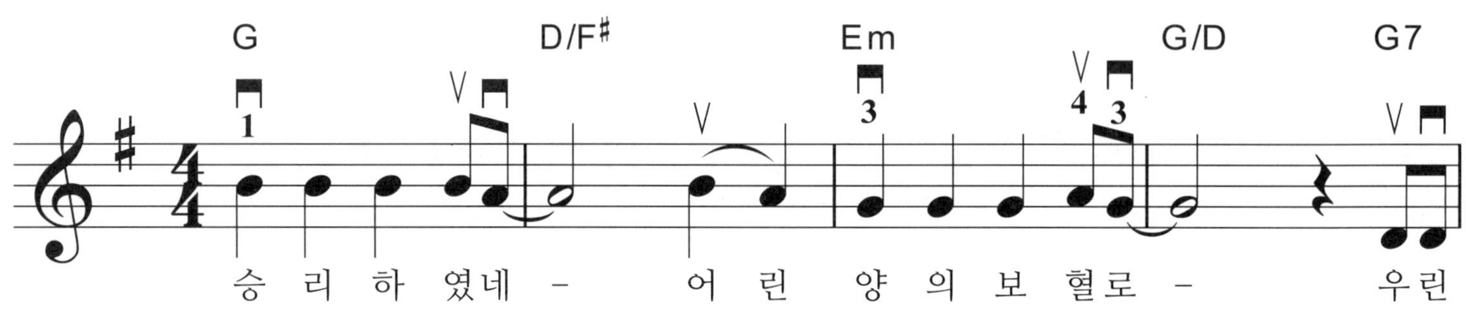

G   D/F#   Em   G/D   G7
승 리 하 였네 – 어 린 양 의 보 혈 로 – 우린

C   G/B   A7   D7
보 혈 의 능 력 으로서 – 리 라

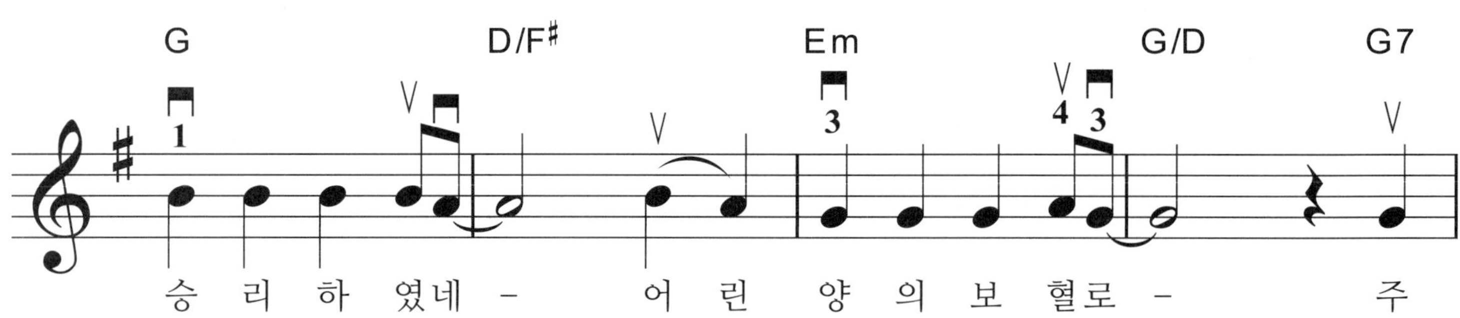

G   D/F#   Em   G/D   G7
승 리 하 였네 – 어 린 양 의 보 혈 로 – 주

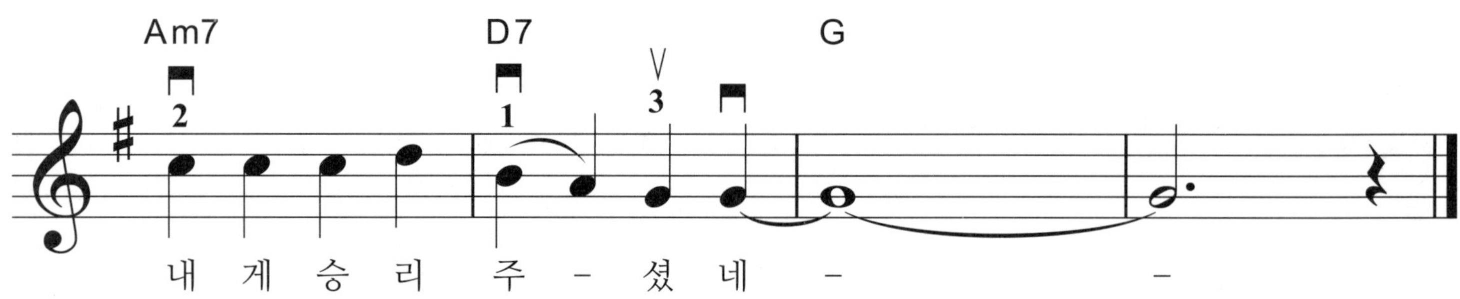

Am7   D7   G
내 게 승 리 주 – 셨 네 – –

주님께서 주시는

Oh How He Loves You And Me

Kurt Kaiser 작사, 작곡

주 님 께 서 주 시 는 -
그 사 랑 놀 라 워 라 -
그 의 생 명 주 - 시 기 까 지
널 사 랑 하 네 날 사 랑 하 네
너 와 날 사 랑 하 네 -

예수 사랑해요

Alleluia

Jude Del Hierro 작사, 작곡

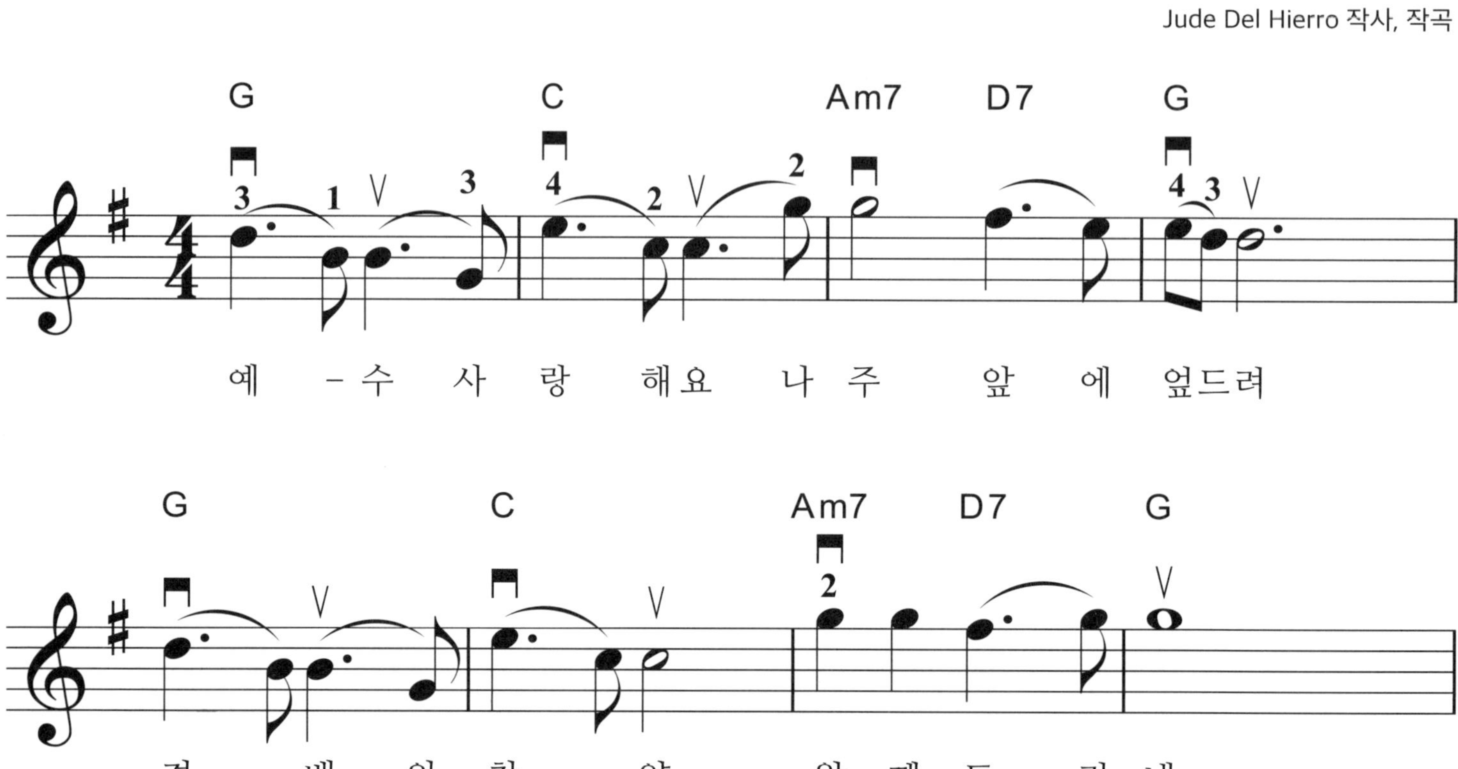

예 - 수 사 랑 해요 나 주 앞 에 엎드려
경 - 배 와 찬 - 양 왕 께 드 리 네

알 - 렐 루 - 야 알 렐 루 - 야

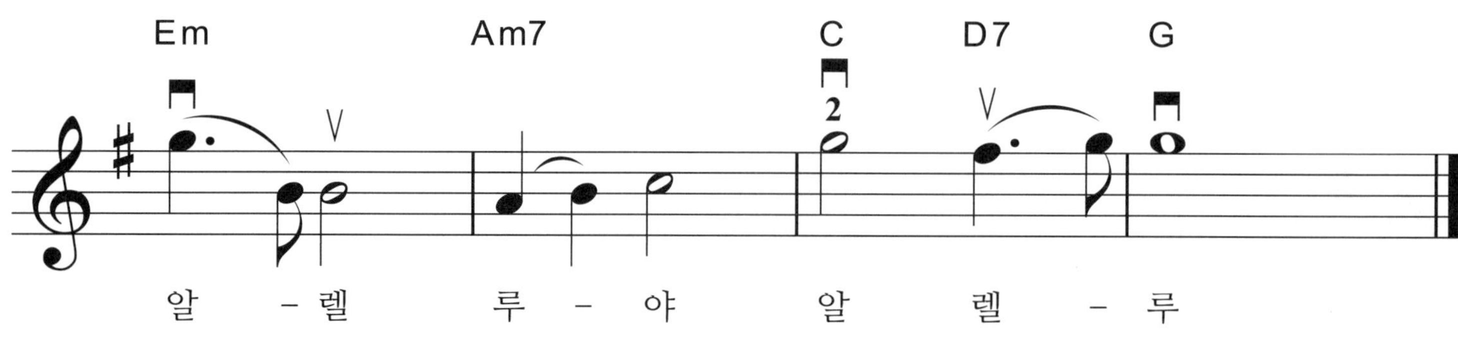

알 - 렐 루 - 야 알 렐 - 루

사랑의 주님이

작사, 작곡 미상

사랑 의 주님 이 날사 랑 하시 네 내모

습 이대 로 - 받으셨 네 - 사랑

의 주님 이 날사 랑 하듯 이 나도

너 를 사랑 하며 섬기 리 -

감사해요 주님의 사랑

Thank You Jesus

Alison Revell 작사, 작곡

Am
D7
G   GM7   G6
감 사 해 요   – 주 님 의 사   랑   –

G#dim   Am
D7
G
G7
감 사 해 요   – 주 님 의 은   혜   –

F/G G   C
D7
G   Bm7   Em
목 소 리 높 여주 님 을   영 원히찬양 해 요

C
D7
G
나 의 전 부이 신   나 의 주 님   –

목마른 사슴

As The Deer

Martin J. Nystrom 작사, 작곡

G D/F# Em G/D C D G D
목 마 른 사 슴 시 냇 물 을찾 아 헤 매 이 듯 이
금 보 다 귀 한 나 의 주 님내 게 만 족 주 신 주
G D/F# Em C Am7 D7 G
내 영 혼 주 를 찾 기 에 - 갈 급 하 - 나 이 다
당 신 만 이 - 나 의 기 쁨또 한 나 의 참 보 배
Em Em/D C G C Am Bsus4 B
주 님 만 이 - 나 의 힘 나 의 방 패 나의 참 소 망
G D/F# Em G/D C D7 G
나 의 몸 정 성 다 바 쳐 서주 님 경 배 합 니 다

내 손을 주께 높이 듭니다

박미래 작사, 이정승 작곡

내 손을주께높 이 듭 니 다 내 찬양받으실 주
님 내 맘을주께활 짝 엽 니 다 내
찬 양 받 으 실 주 님 슬 픔 대신희락
을 - 재 대 신 화 관 을 근 심 대신찬송
을 - 찬 송 의 옷 을주셨 네

하나님께로 더 가까이

Nearer To God

Stephen Hah 작사, 작곡

G
Am7
G/B
C
C/B
하 나 님 께 로 더 가 까 이 갑 니 다

Am
A/C#
Dsus4
D 7
고 통 가 운 데 계 신 주 님 － 변 함

G
B 7/F#
Em
G/D
없 는 주 님 의 크 신 사 랑 － 영 원

C
D 7
C/G
G
히 주 님 만 을 섬 기 리 －

지존하신 주님 이름 앞에

Jesus At Your Name

Chris Bowater 작사, 작곡

지 존 하 신 주 님 이 름 앞에 모 두무릎꿇고 다
경 배 해 – 거 룩 하 신 주 님 보 좌 앞에 엎
드 려 – 절 – 하 세 예 수 는 그리스도
예 수 는 주 하 나 님 의 –
영 으 로 – 경 배 드 리 리 –

주는 평화

He Is Our Peace

Kandela Groves 작사, 작곡

주 는 평 화
막힌 담을모두허 셨 네

주 는 평 화
우리의 평 화
화

염 려 다 맡 기라
주가돌보 시 니

주 는 평 화
우리의 평 화
화 —

O.T. : He Is Our Peace / O.W. : Kandela Groves
O.P. : Cccm Music, Universal Music - Brentwood Benson Publ. / S.P. : Universal Music Publishing Korea, CAIOS
Adm. : Capitol CMG Publishing / All rights reserved. Used by permission.

나의 발은 춤을 추며

작사, 작곡 미상

나 의 발은춤을추며나의 손은손뼉치며나의
입은기뻐노래부르 네 나 의 발은춤을추며나의
손은손뼉치며나의 입은기뻐노래부르 네 내가
주 께 찬 양 해 내가주께찬양해 내가
주 께 찬 양 하 며 주 사 랑 해

나 같은 죄인 살리신

Amazing Grace

John Newton 작사, 미국 민요

D
A7 Bm G D
나 같 은 – 죄 인 살 리 신 주
큰 죄 악 – 에 서 건 지 신 주
D
A7 D A7
은 혜 – 놀 라 워 – 잃
은 혜 – 고 마 워 – 나
D
D7 G D
었 – 던 – 생 명 찾 – 았 – 고 광
처 – 음 – 민 은 그 – 시 – 간 귀
Bm
D A7 D
명 을 – 얻 었 네 –
하 고 – 귀 하 다 –

누군가 널 위해 기도하네

Someone Is Praying For You

Lanny Wolfe 작사, 작곡

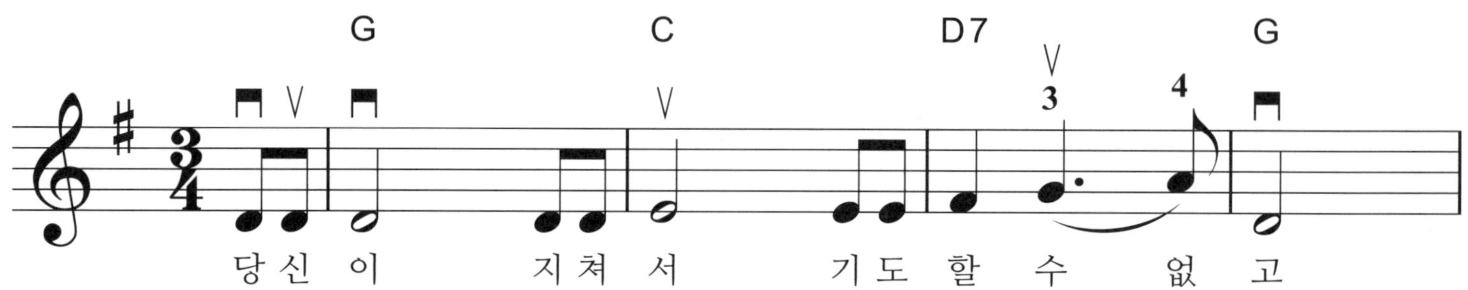

당신 이 지쳐서 기도할 수 없 고

눈물 이 빗물 처럼 – 흘 러내릴 때

주님 은 우리 연 약 함 을 아 시 고

사 랑으 로 –인 도 하 시 네 –

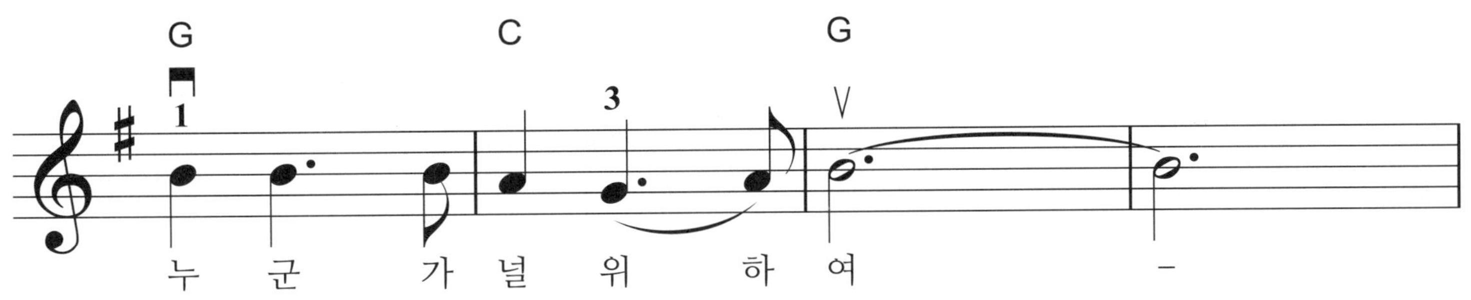

G   C   G
누 군 가 널 위 하 여   －

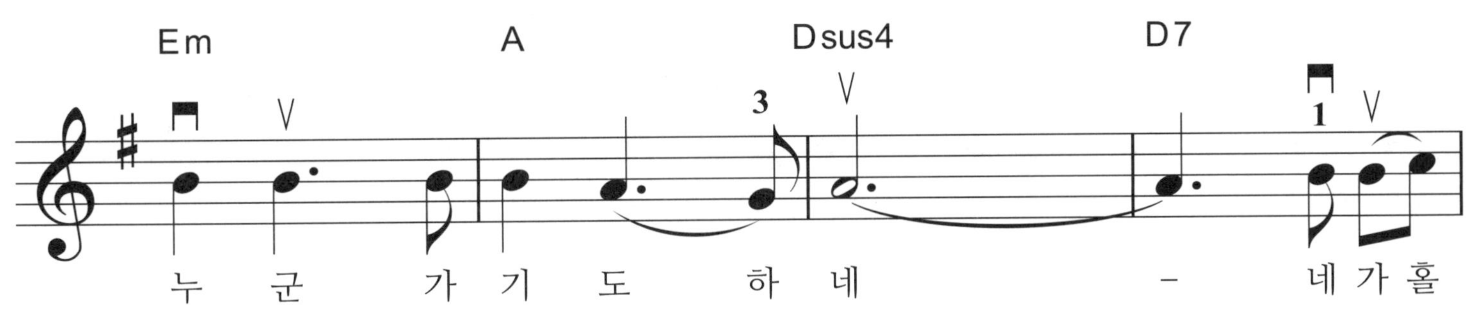

Em   A   Dsus4   D7
누 군 가 기 도 하 네   － 네 가 홀

G   C   B7   Em
로 외 로 워 서 － 마 음 이 무 너 질 때

Cm/E♭ G/D   D7   G
누 군 가 널 위 해 기 도 하 네   －

내 평생 사는 동안

I Will Sing

Donya Brockway 작사, 작곡

G2   Gmaj7   C   G
내 평 생 사 는 동 안 주 찬 양 하 리 여 호 와

Am   D   G   C   Dsus4   D
하 나 님 내 주 를 찬 양 하 리 -

G   G7   C   G
주 님 을 묵 상 함 이 즐 겁 도 다 내 영 혼

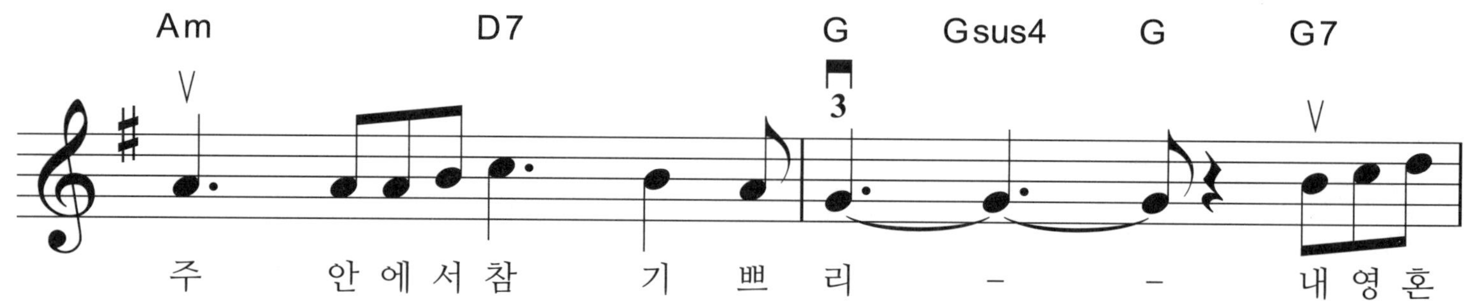

Am   D7   G   Gsus4   G   G7
주 안 에 서 참 기 쁘 리 - - 내 영 혼

C   D/C   Bm   Em
아 주 님 을   송 축 하 라   - - -   내 영 혼

Am   D7   G   Am   G7/B
아 주 님 을   찬 양 하 라   - -   내 영 혼

C   D/C   Bm   Em
아 주 님 을   송 축 하 라   - - -   내 영 혼

Am   D7   G   C   G
아 주 님 을   찬 양 하 라   -

내 마음을 가득 채운

Here I Am Again

Tommy Walker 작사, 작곡

G F#dim7 Em7 Dm7
내 마 음 을 가 득 채 운 주 향 한 찬 양 과 사 랑
수 많 은 멜 로 디 와 찬 양 들 을 드 렸 지 만

C G/B Am D G F#dim7
어 떻 게 표 현 할 수 있 나
다 시 고 백 하 기 원 하 네
수 많 은 찬 양 들 로
주 님 은 나 의 사 랑

Em7 Dm7 C C/D C/E D/F#
그 맘 표 현 할 길 없 어 다 시 고 백 합 니 다 -
삶 의 중 심 되 시 오 니 주 를 찬 양 합 니 다 -

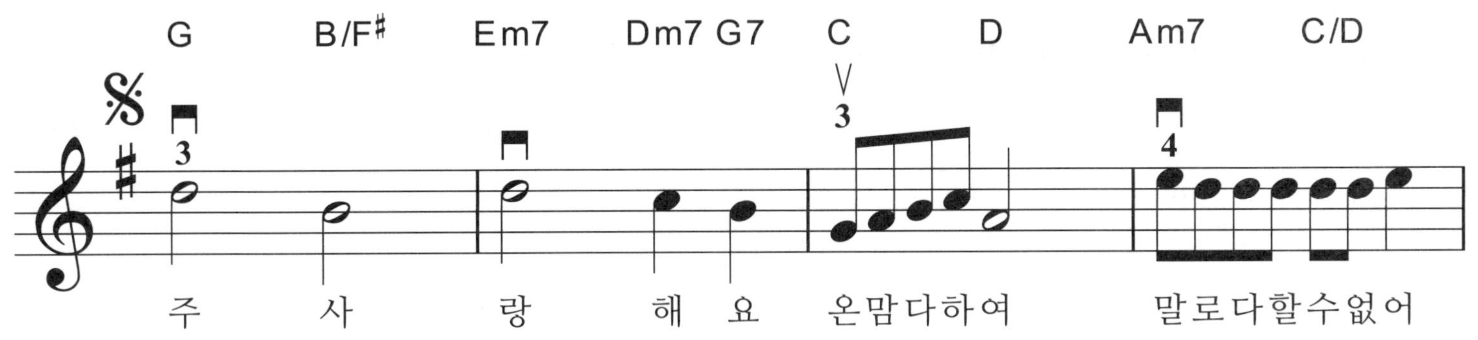

G   B/F♯   Em7   Dm7 G7   C   D   Am7   C/D
주 사 랑 해 요 온맘다하여 말로다할수없어

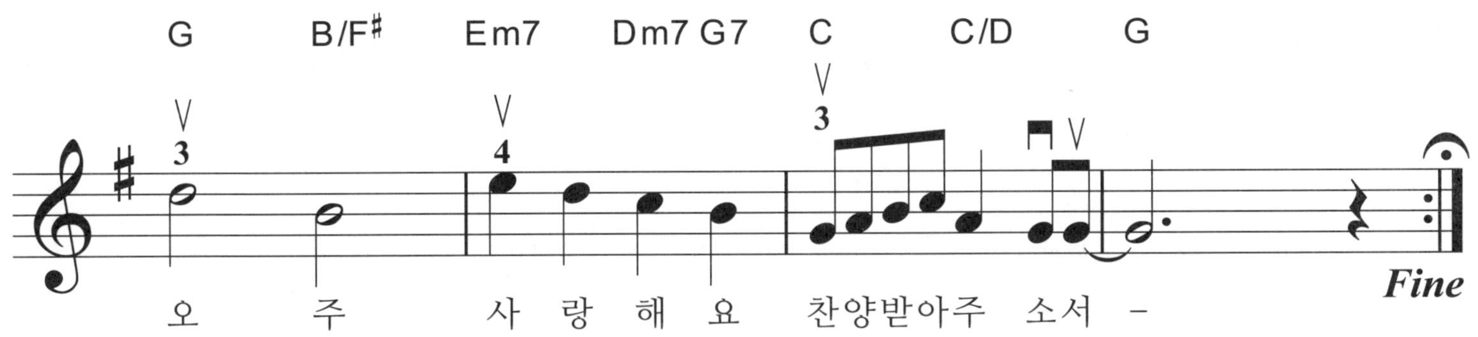

G   B/F♯   Em7   Dm7 G7   C   C/D   G
오 주 사 랑 해 요 찬양받아주 소서 –
Fine

D   Em   C   G   Am7 G/B   C   C/D
주님사랑다시고백 하는새날주심감사 해 요

D   Em   C   G   Am7 G/B   C   C/D
주님사랑다시고백 하는찬양주심감사 해 요
D.S. al Fine

왕이신 하나님 높임을 받으소서

He Is Exalted

Twila Paris 작사, 작곡

왕 이 신 하 나 님 높 임 을 받 으 소 서 찬 양
하 리 라 영 원 히 높 임 을 받 으 실 그 이 름 찬 양
하 리 라 - - 그 리 스 도
진 리 로 다 스 리 네 - 기 뻐 하 라 온 땅 이 여 찬 양 하
라 - 거 - 룩 하 - 신 그 이 름 높 이 리 라 -

주님 사랑해요

이정림 작사, 작곡

D
F♯7
Bm
Bm/A
주 님 – 사 랑 해 요 –

G
E7
Asus4
A
주 님 – 사 랑 해 요 –

F♯7
Bm
G
G♯dim
말 하 지 않 아 도 표 현 다 못 해 도

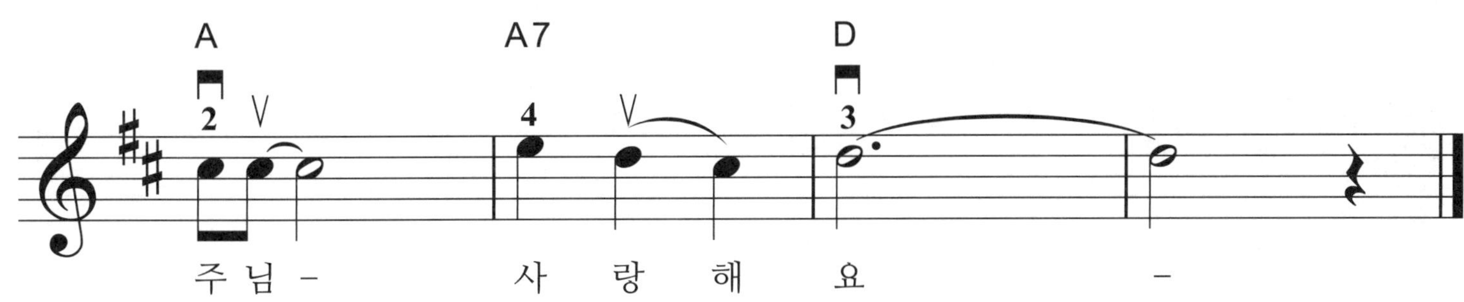
A
A7
D
주 님 – 사 랑 해 요 –

찬양하라 내 영혼아

Bless The Lord O My Soul

Margaret Evans 작사, 작곡

D
G
찬 양 하 라 내 영 혼 아 찬 양 하

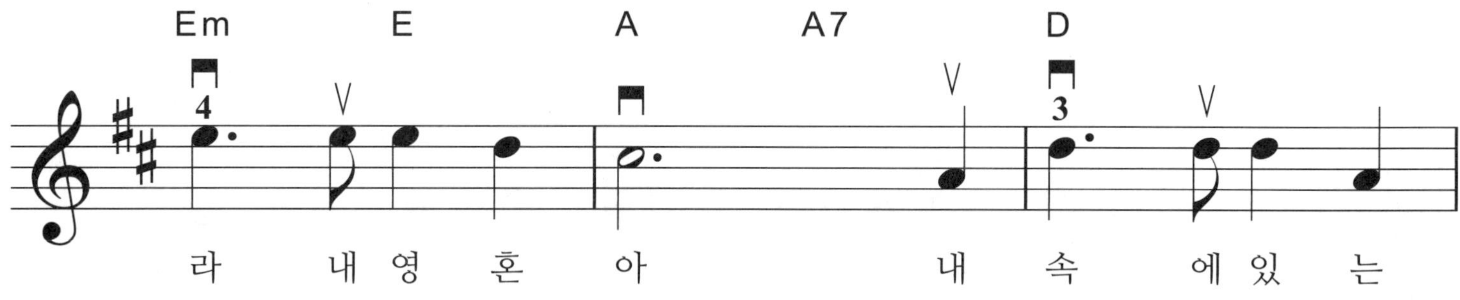

Em
E
A
A7
D
라 내 영 혼 아 내 속 에 있 는

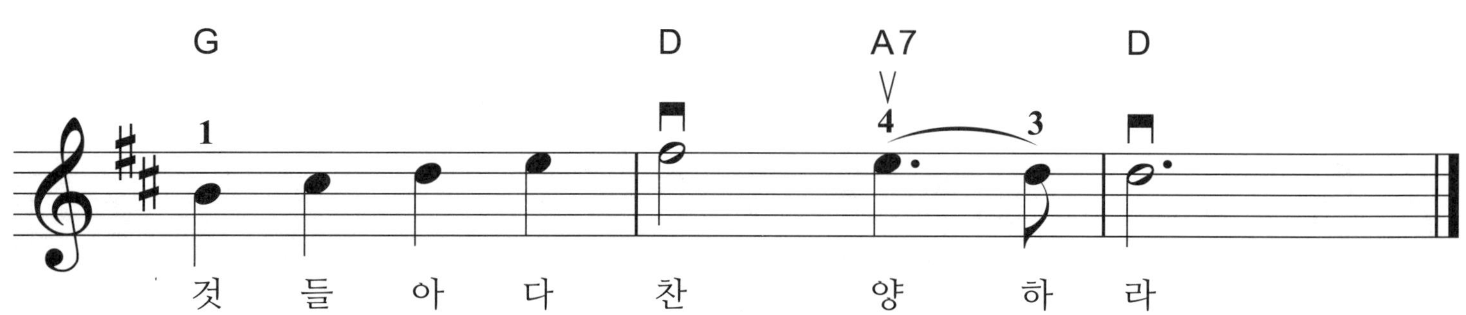

G
D
A7
D
것 들 아 다 찬 양 하 라

사랑해요

I Love You Lord

Laurie Klein 작사, 작곡

D   Em   D/F#   Em/A   D
사 랑 해 요 – 목 소 리 높 여 – 경

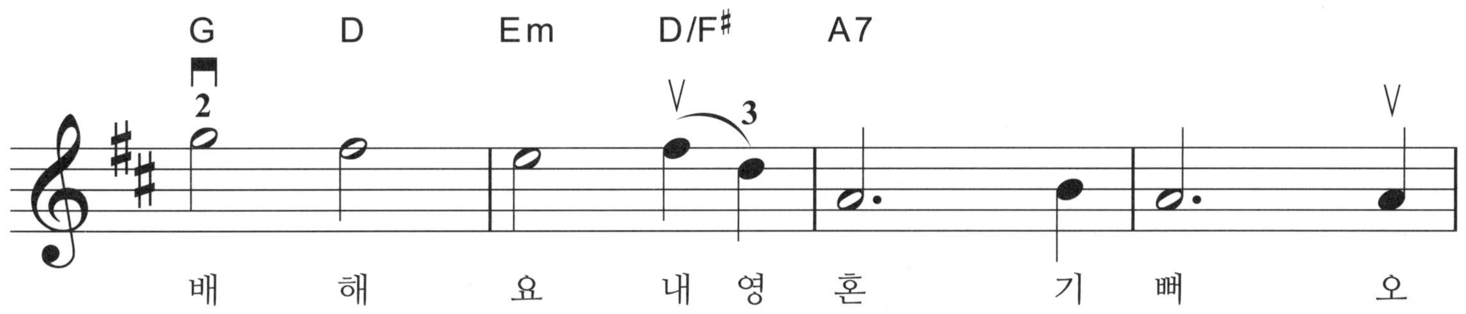

G   D   Em   D/F#   A7
배 해 요 내 영 혼 기 뻐 오

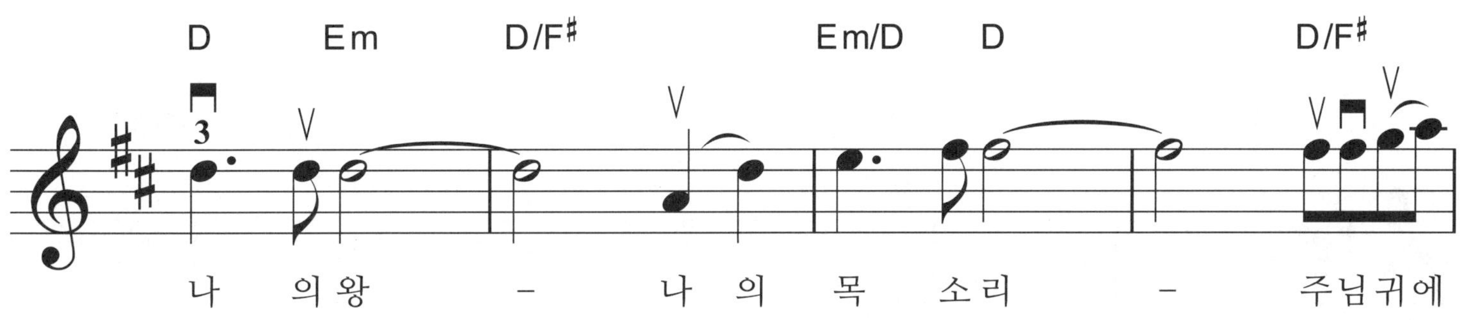

D   Em   D/F#   Em/D   D   D/F#
나 의 왕 – 나 의 목 소 리 – 주 님 귀 에

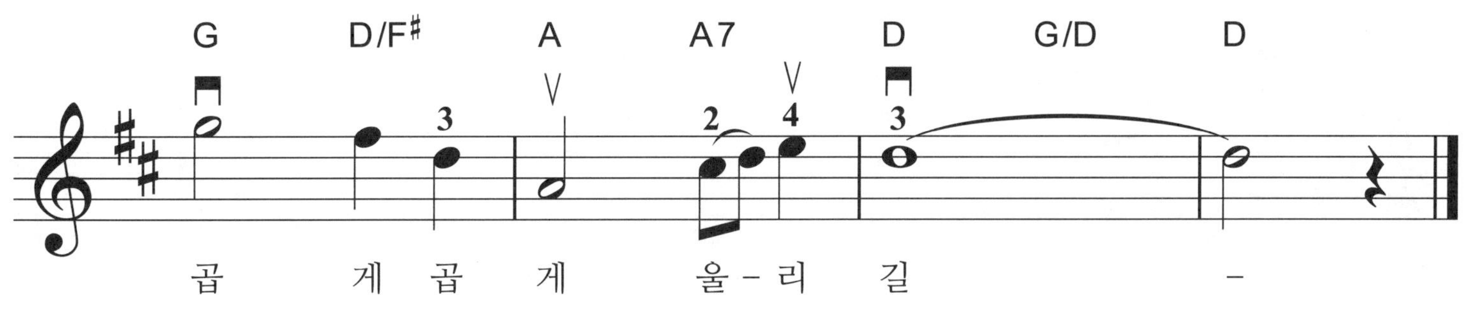

G   D/F#   A   A7   D   G/D   D
곱 게 곱 게 울 – 리 길 –

이와 같은 때엔
In Moments Like These
David Graham 작사, 작곡

이 와 같 은 때 엔 난 노 래 하 네 사
같 은 때 엔 손 높 이 드 네 손
랑 을 노 래 하 네 주 님 께 이 와 네 주 님
높 이 드
께 － 주 님 사 랑 해 요 －
사 랑 해 요 － 사 랑 해
요 주 님 사 랑 해 요 － 주 님 －

나의 반석이신 하나님

Ascribe Greatness

Mary Kirkbride, Mary Lou King 작사, 작곡

나 의 반 석 이 신 하 나 님 행 하 신
의 생 명 되 신 하 나 님 내 게 행
모 든 것 완 전 하 시 네 – 나
하 신 일 찬 양 합 니 다 – 신
실 하 신 하 나 – 님 실 수 가 없 으 신 –
좋 으 신 나 의 주 – 신
좋 으 신 나 의 주 –

무화과 나뭇잎이 마르고

Though The Fig Tree

Tony Hopkins 작사, 작곡

무화과 나뭇잎이 - 마르고 - 포도 열 매가없 으며 -
감 람 나무열매 그 치고 - 논밭에 식 물이없 어도 - 우리
에 양 떼 가 없 으며 - 외양간 송 아지없 어도 -
난 여호와 로 즐거워하리 난 여호와 로 즐거워하리 난
구 원의하 나 님 을 인해 - 기 뻐 하 - 리 라 -

날 구원하신 주 감사

Thank To God For My Redeemer

August Storm 작사, John A. Hultman 작곡

날 구원 하신주 감 사 모든 것 주심감 사 지 난
응답하 신기도감 사 거절하 신것감 사 헤 쳐

추 억인해감 사 주내곁 에계시네 향 기
나 온풍랑감 사 모든것 채우시네 아 픔

론 봄철에감 사 외론가 을날감 사 사 라
과 기쁨도감 사 절망중 위로감 사 측 량

진 눈물도감 사 나의영 혼평안해
못 할은혜감 사 크신사 랑감사해

예수 우리 왕이여
Jesus, We Enthrone You

Paul Kyle 작사, 작곡

C
Am
예 수 - 우 리 왕 이 여 -

F
Gsus4
G
이 곳 에 오 소 서 -

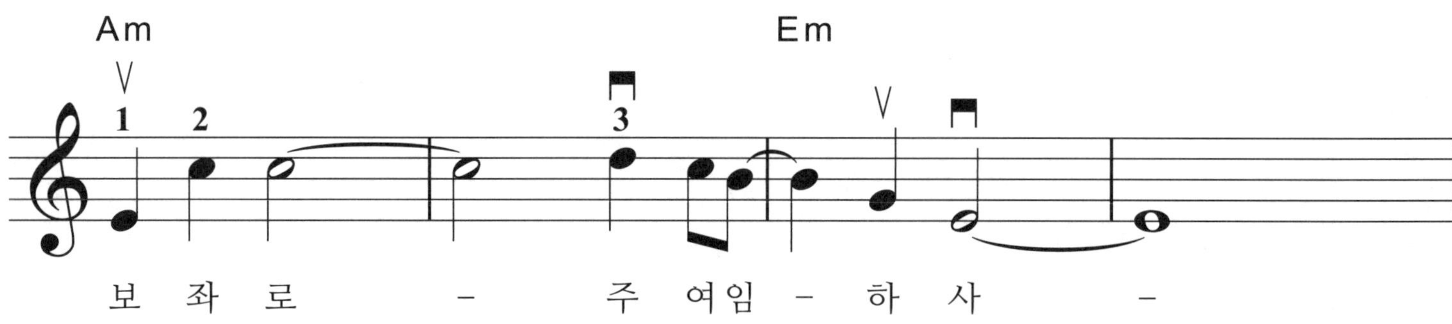
Am
Em
보 좌 로 - 주 여 임 - 하 사 -

FM7
Dm7/G
G
찬 양 을 받 아 주 소 서 -

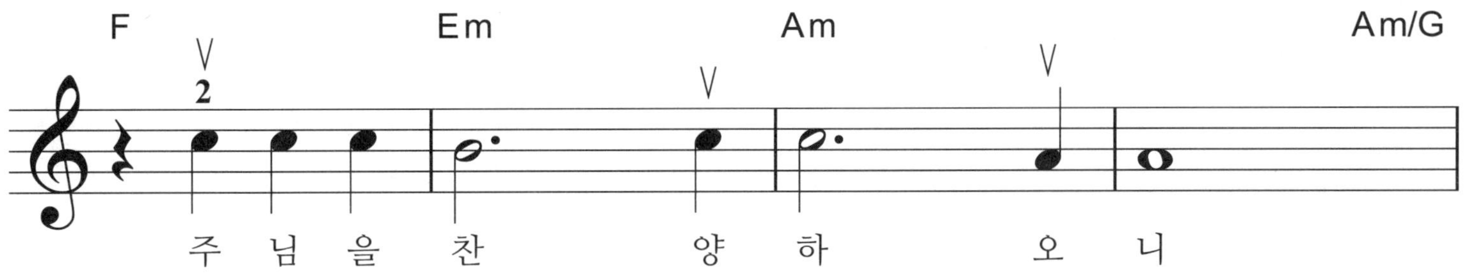
F Em Am Am/G
주 님 을 찬 양 하 오 니

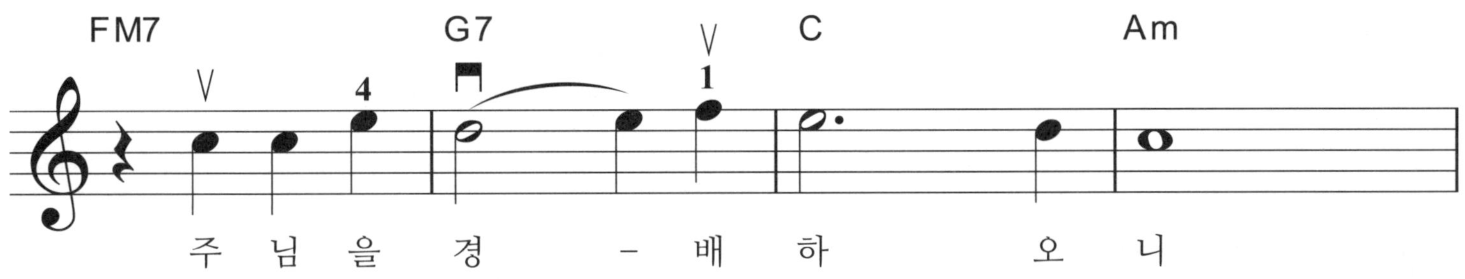
FM7 G7 C Am
주 님 을 경 - 배 하 오 니

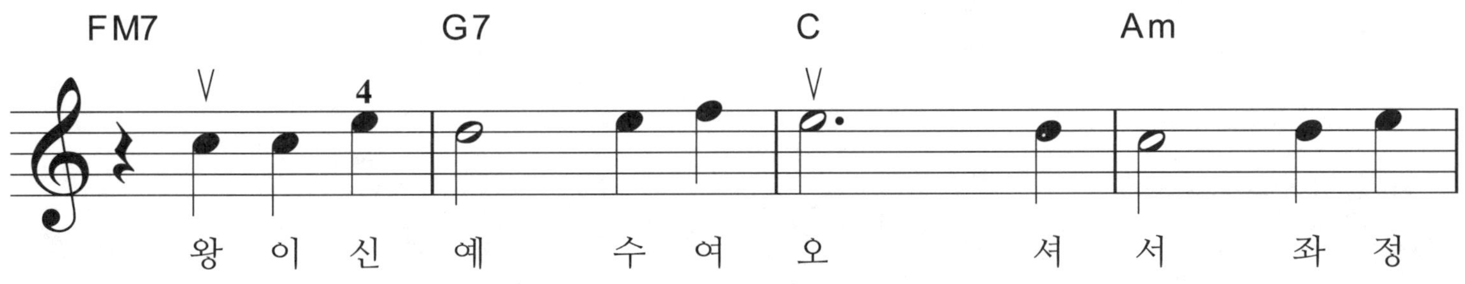
FM7 G7 C Am
왕 이 신 예 수 여 오 셔 서 좌 정

F F/G C
하 사 다 스 리 소 서 -

예수 이름이 온 땅에

김화랑 작사, 작곡

D A G D G D
예 수 이 름 이 온 땅 에 - 온 땅 에 퍼 져 가
예 수 이 름 이 온 땅 에 - 온 땅 에 선 포 되
A D A G D
네 잃 어 버 린 영 혼 예 수 이 름 - 그
네 하 나 님 의 나 라 열 방 중 에 -
G D Asus4 A7 G A
이 름 듣 고 돌 아 오 네 - - 예 수 님 기 뻐
열 방 중 에 임 하 시 네 - - 하 나 님 기 뻐
F#m Bm G A D
노 래 하 시 리 잃 어 버 린 영 혼 돌 아 올 때 - - 예 수
노 래 하 시 리 열 방 이 - 주 께 돌 아 올 때 - - 하 나
G A F#m Bm G A D
님 기 뻐 춤 추 시 리 잃 어 버 린 영 혼 돌 아 올 때 - -
님 기 뻐 춤 추 시 리 열 방 이 - 주 께 돌 아 올 때 - -

주 곁에 거하리

By Your Side

Noel, Tricia Richards 작사, 작곡

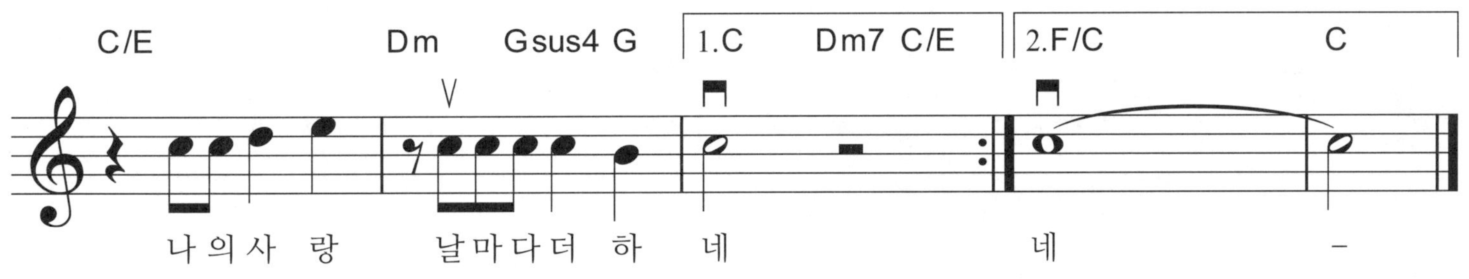

주 곁에 거하리 주 품
에 안기리 예수 나를 사랑
해 나 주께 모 두 드리리
주를사랑 주를찬양 오직 내할 말 주를향 한
나의사랑 날마다더 하 네 네 —

45

주를 찬양하며
I Just Want To Praise You

Arthur Tannous 작사, 작곡

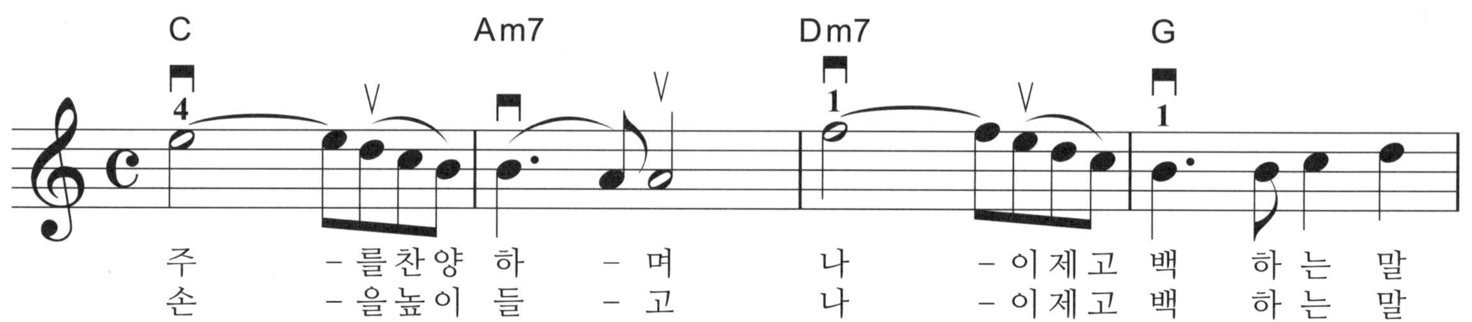

C   Am7   Dm7   G
주 －를찬양 하 －며 나 －이제고 백 하 는 말
손 －을높이 들 －고 나 －이제고 백 하 는 말

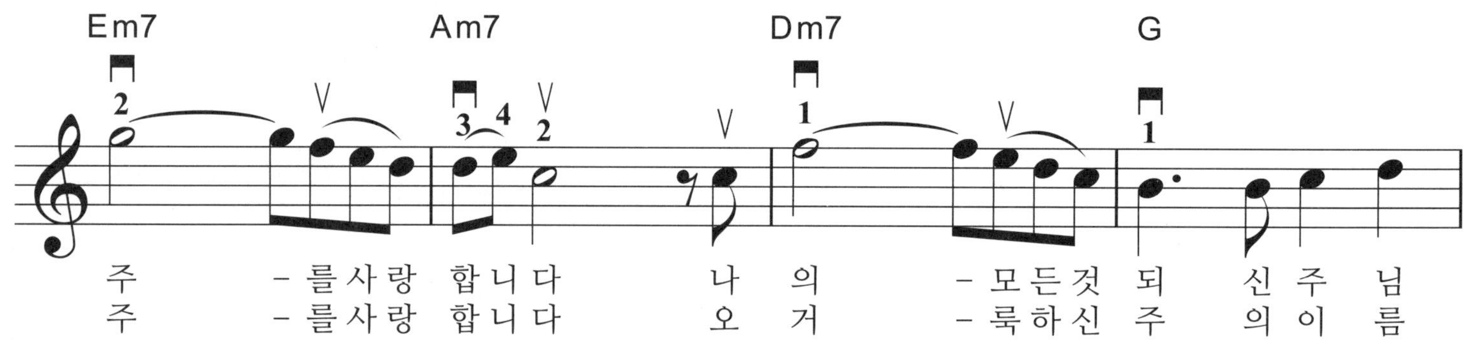

Em7   Am7   Dm7   G
주 －를사랑 합니 다 나 의 －모든것 되 신 주 님
주 －를사랑 합니 다 오 거 －룩하신 주 의이 름

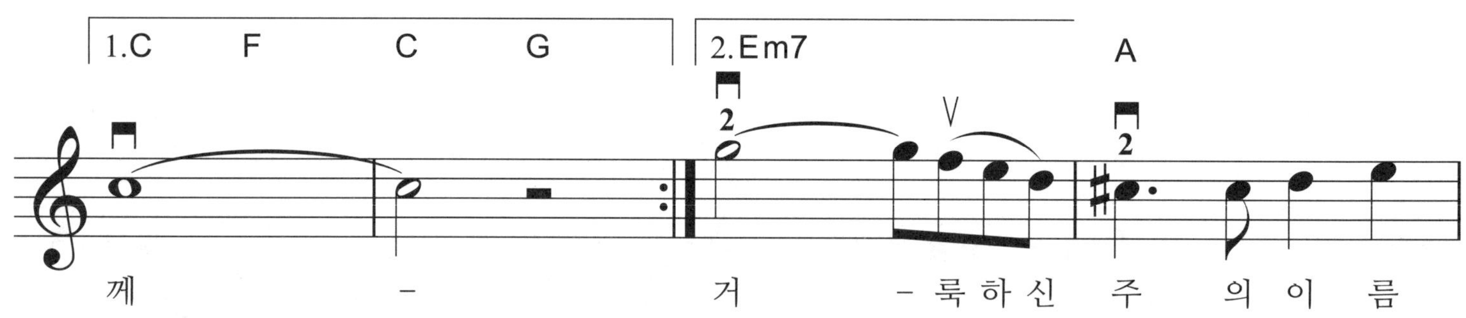

1.C F C G   2.Em7   A
께 － 거 －룩하신 주 의이 름

Dm7   G   C F C
주 －의이름 높 이올 리 세 －

형제의 모습 속에

박정관 작사, 작곡

형제의모습속에보 이 는 하 나 님 형 상 아 름
다 와 – 라 존 귀 한 주 의 자 녀 됐 으 니 사 랑
하 며 섬 기 리 우 리 의 모 임 중 에
임 하 신 하 나 님 영 광 아 름 다 와 – 라
존 귀 한 왕 이 여 기 계 시 니 사 랑 하 며 섬 기 리

주님 한 분만으로

이길승 작사, 작곡

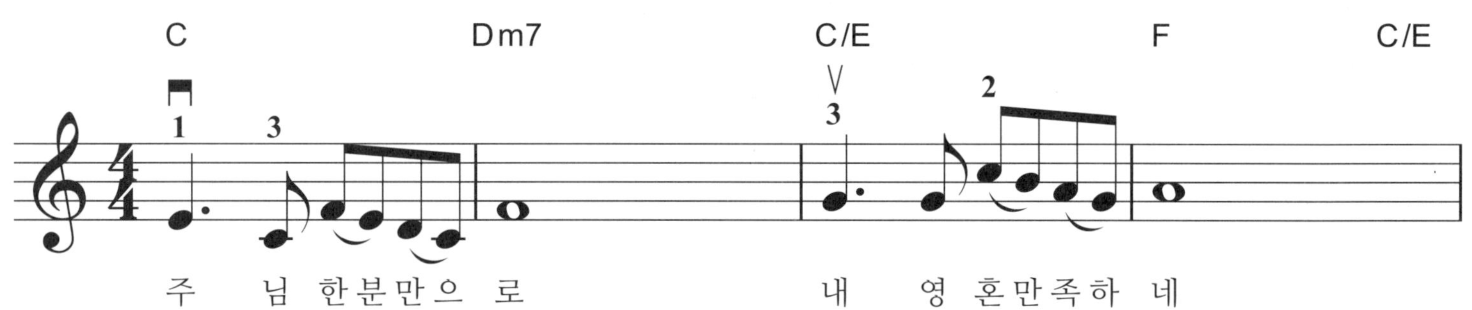

C   Dm7   C/E   F   C/E
주   님 한분만으 로   내 영 혼만족하 네

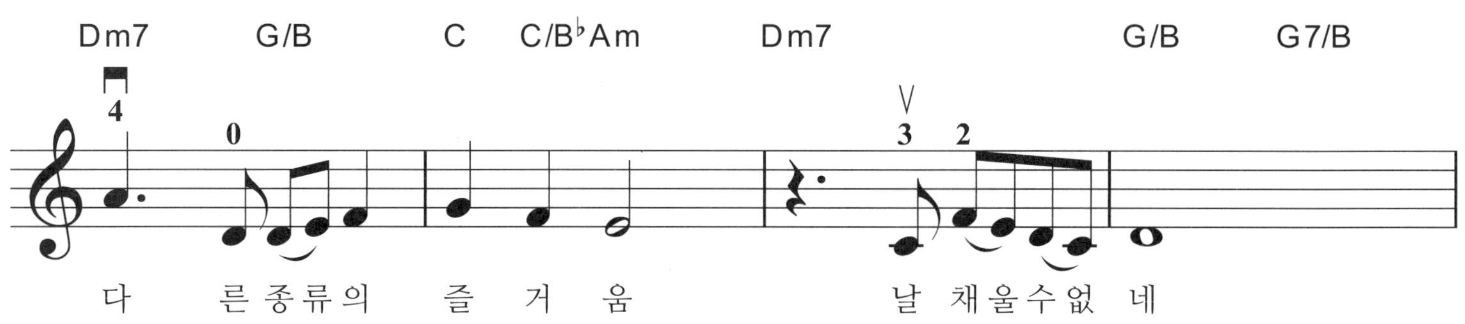

Dm7   G/B   C   C/B♭Am   Dm7   G/B   G7/B
다   른종류의   즐 거 움   날 채울수없 네

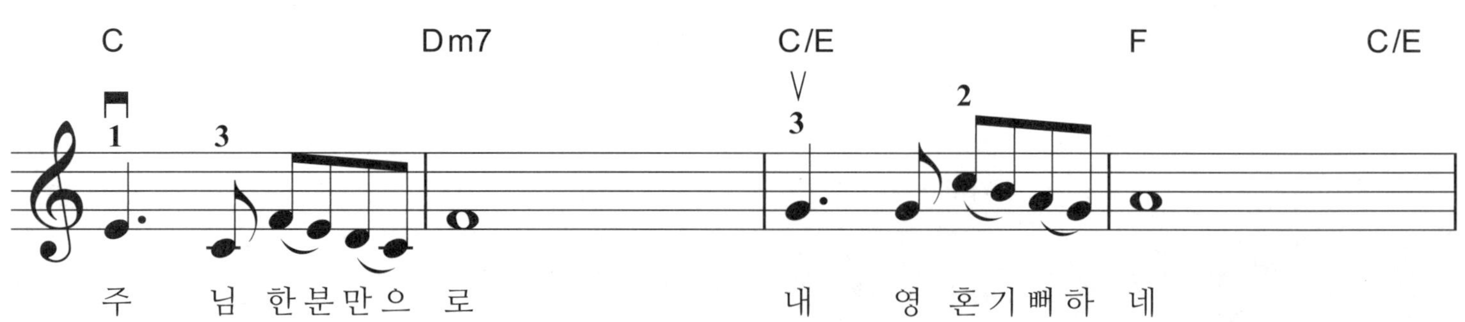

C   Dm7   C/E   F   C/E
주   님 한분만으 로   내 영 혼기뻐하 네

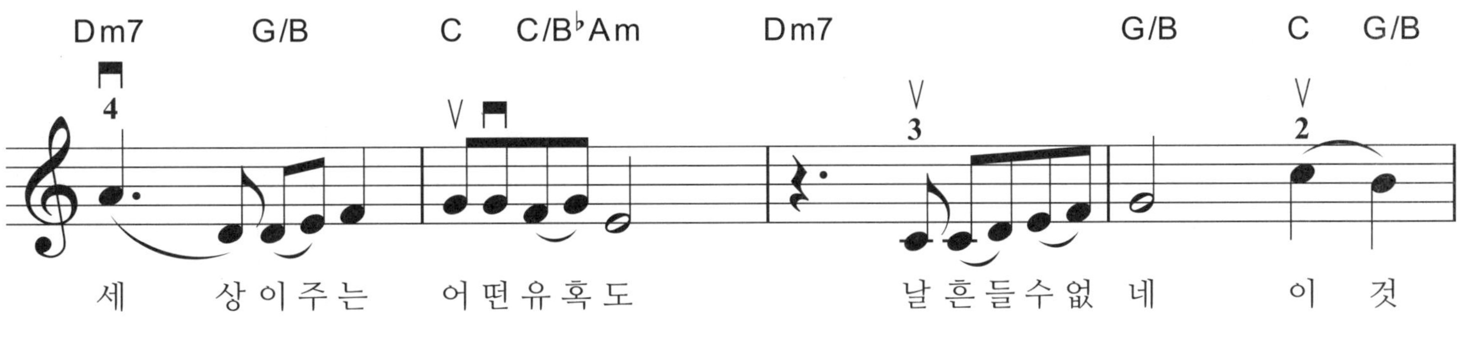

Dm7   G/B   C   C/B♭ Am   Dm7   G/B   C   G/B
세 상이주는 어떤유혹도 날흔들수없 네 이 것

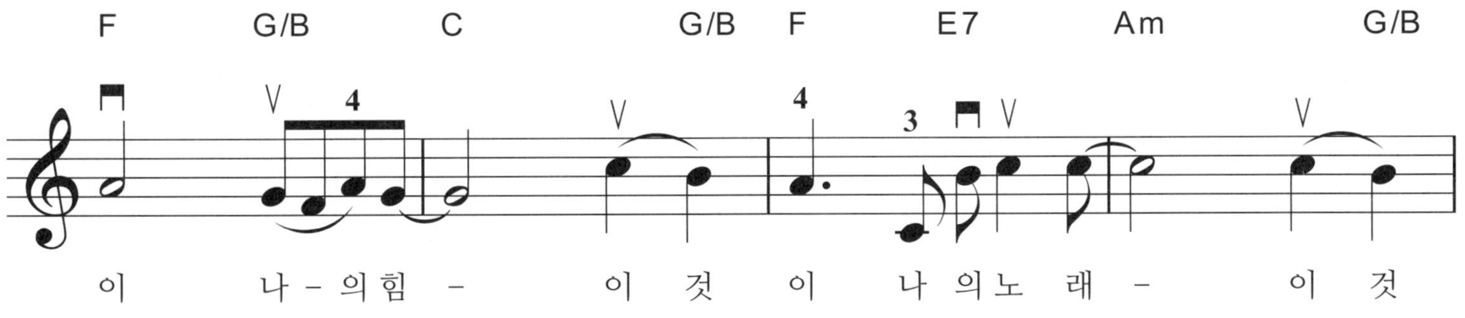

F   G/B   C   G/B F   E7   Am   G/B
이 나-의힘 - 이 것 이 나의노 래- 이 것

F   G/B   C   G/B Am   Dm7   G7   C
이 내소망의 -이유- 주 나 의모- 든것 -

주 품에

Still

Reuben Morgan 작사,작곡

C   G/B   Am   F   D/F#   Gsus4
1.주 품 - 에 - 품 으 소 - 서 -
님 안 - 에 - 나 거 하 리 -
C/E   F   Dm7
능 력 - 의 - 팔 로 덮 으 - 소 서
주 능 - 력 - 나 잠 잠 히 - 믿 네
Gsus4   C/E   F   G   Csus4   C/E
- 거 친 파 도 날 향 해 - 와 도 - 주 와 함 께
F   G   Am   C/E   F   G
날 아 오 - 르 리 - 폭 풍 가 운 데 나 의 - 영 혼
Csus4   G/B   F/A   G   C
D.C.
- 잠 잠 하 게 - 주 를 봄 - 리 라 -
2.(주)

주님만 사랑하리

It Is You

Pete Sanchez Jr. 작사, 작곡

F
C/E
B♭/D
F/C
주님 만 주님 만 주님 만 사 랑 하 리 나의

B♭
F/A
Gm7
C7
왕 나 의 주님 주 님 을 더 욱 알 기 원해

F
F/E♭
B♭/D
D♭
C7
나 주님 께 오직 주 께 경 배 하 네

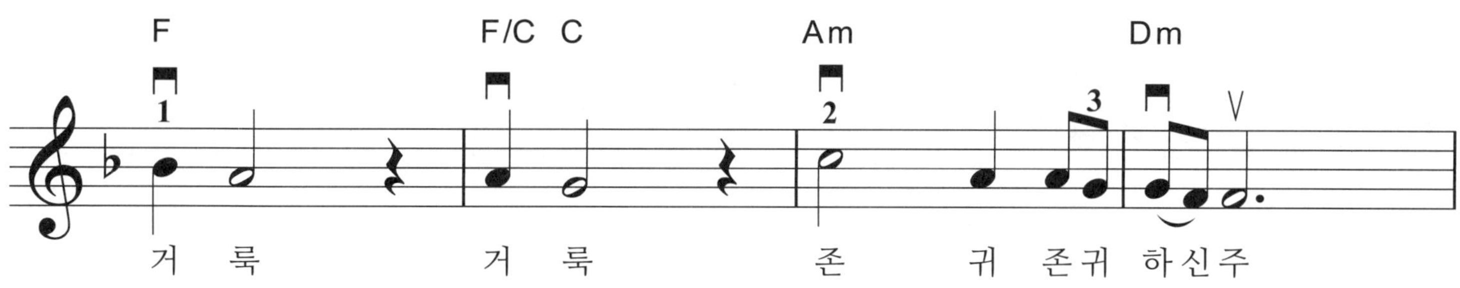
F
F/C C
Am
Dm
거 룩 거 룩 존 귀 존귀 하신주

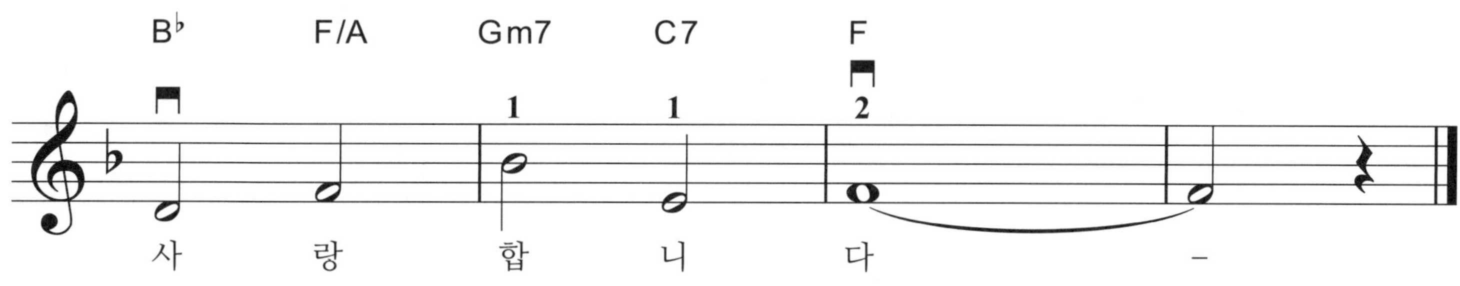
B♭
F/A
Gm7
C7
F
사 랑 합 니 다 —

아무것도 두려워 말라

현석주 작사, 작곡

C   G7/B   Am   C/G   F   C/E
아 무 - 것 도   두 려 워 말 라   주 나 의 하 나 님 이
Dm   G   Dm   G   Em   Am
지 켜 주 시 네   놀 라 지 마 라   겁 내 지 마 라
Dm   G   C   F/G   C   C7
1.   2.
주 님 나 를 지 켜 주 시 네   네
F   G/F   Em   Am   F   G7
내 맘 이 힘 에 겨 워 지 칠 지 라 도   주 님 나 를 지 켜 주 시

C B♭/C C7 F G/F Em Am Am/G
네 세 상의험한풍파 몰아칠때도
F D7 F/G G7 C
주님나를지켜주시네 - 주 님은 나의
Em/A Am A7 Dm D7 F/G G7 C
산 성 주 님은 나의요 새 주 님은 나의
Em/A Am A7 Dm G7 C
소 망 나의힘이되신여호와

주의 거룩하심 생각할 때

When I Look Into Your Holiness

Wayne Perrin, Cathy Perrin 작사, 작곡

C
F
C
주의 거룩하심생 각 할때 - 주의 크신사랑느 낄

F
C
Dm
때 주의 영광의빛 나의 생활 비춰주 실

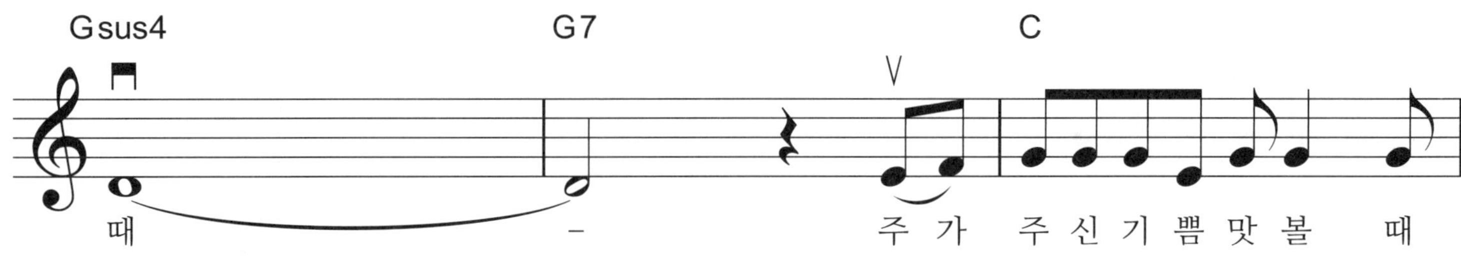

Gsus4
G7
C
때 - 주가 주신 기쁨맛볼 때

F
C
F
에 - - 주의 사랑속에나 잠길 때 주의

C
Dm
Gsus4
영광의빛 나의 생활 비춰주 실 때

G7   F   G
경 배 하 리   경 배 하
Em   Am   Dm
리   나 사 는 동 안
G7   C   C
주 께 경 배 해   경 배 하
F   G   Em   Am
리   경 배 하 리   나
Dm   G7   C
사 는 동 안   주 께 경 배 해

은혜

손경민 작사, 작곡

C G/B Am7 G/B C G/B
내가 누려 왔던 모든 것들 이
내가 이땅에 태어나 사는 것
내가 지나 왔던 모든 시간
어린 아이 시절과 지금 까

Am7 C/E F C/E Dm7 G
이
지
내가 걸어 왔던 모든 순간 이
숨을 쉬며 살며 꿈을 꾸는 삶
당연

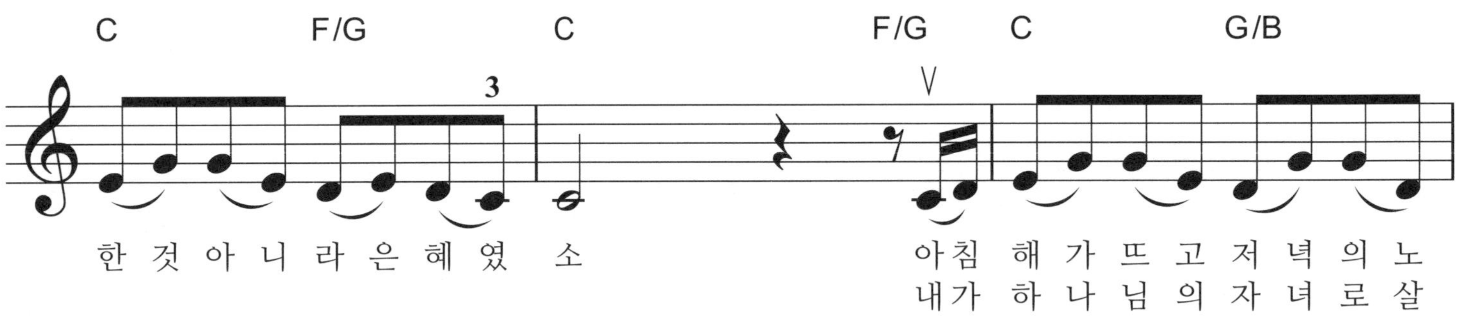
C F/G C F/G C G/B
한 것 아니라 은혜였 소
아침 해가 뜨고 저녁의 노
내가 하나님의 자녀로 살

Am7 G/B C G/B Am7
을
며
봄의 꽃 향기와 가을의 열 매
오늘 찬양하고 예배하는 삶

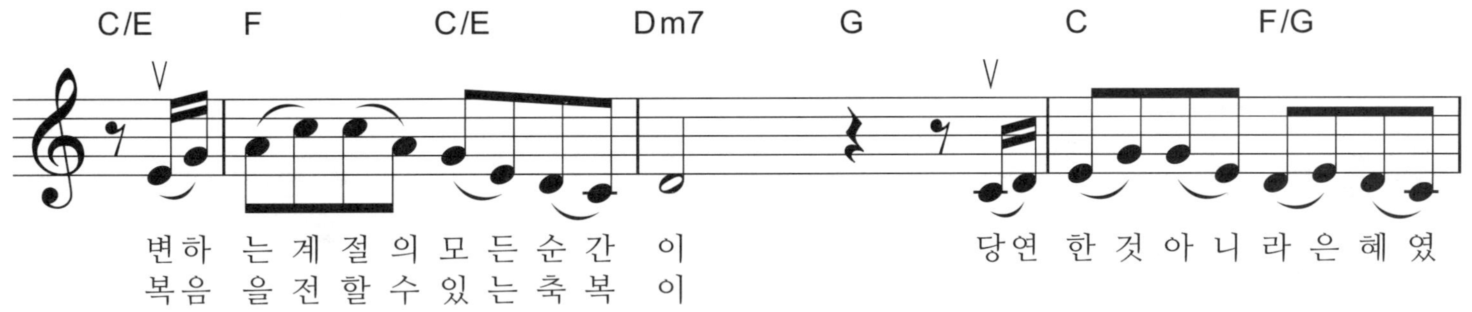

C/E F C/E Dm7 G C F/G
변하 는 계절의 모든 순간 이   당연 한 것 아 니 라 은혜였
복음 을 전할 수 있는 축복 이

C F/G C G/B Am7 Em/G
소   모 든 것 이 은   혜   은 혜

F C/E Dm7 G C G/B
은   혜   한 없 는 - 은 혜   내 삶 에 당 연 한 건 하 나 도 -

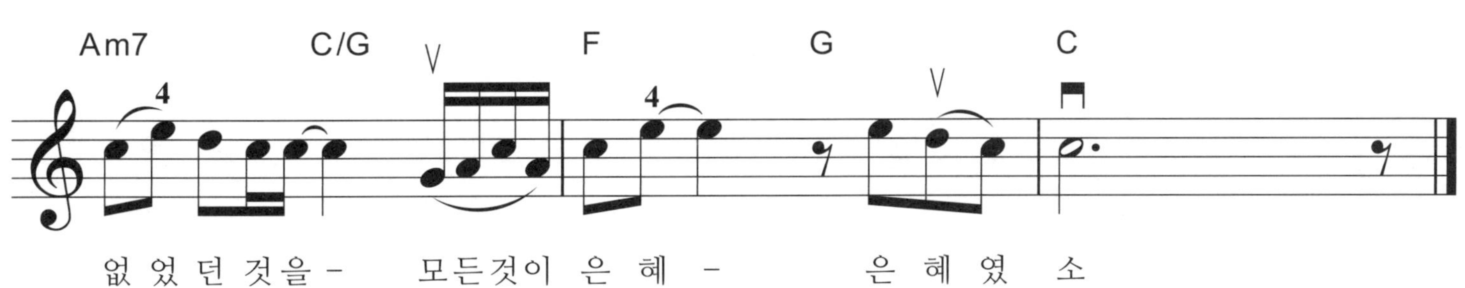

Am7 C/G F G C
없 었 던 것 을 - 모 든 것 이 은 혜 -   은 혜 였 소

은혜로다

심형진 작사, 작곡

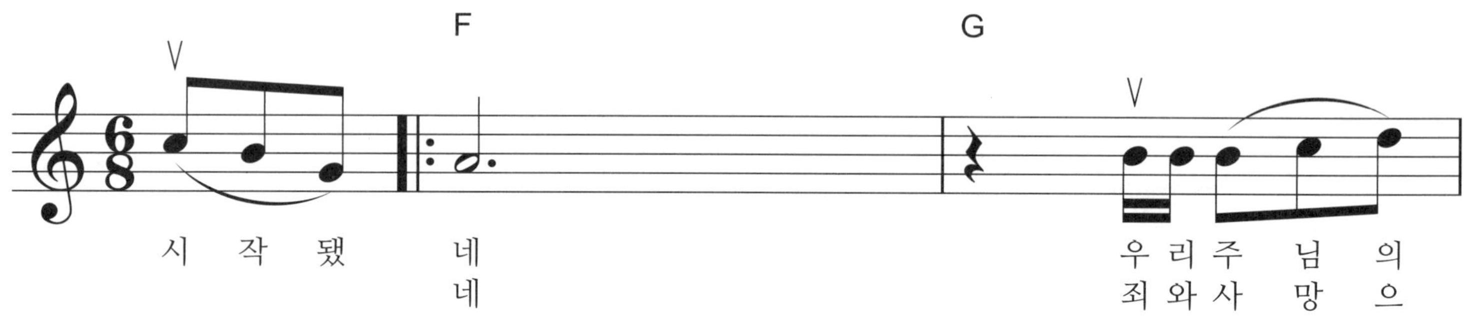
F
G
시 작 됐 네
네
우 리 주 님 의
죄 와 사 망 으

C
F
능 력 이
로 부 터
나의삶을 다 스 리 고
나의삶은 변 하 고 난

1.G
C
새 롭 게 하 네
자 유 하

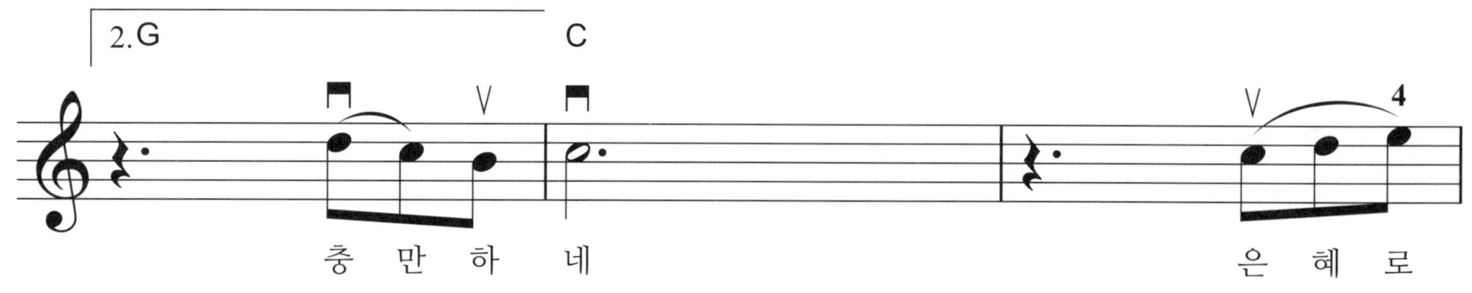
2.G
C
충 만 하 네
은 혜 로

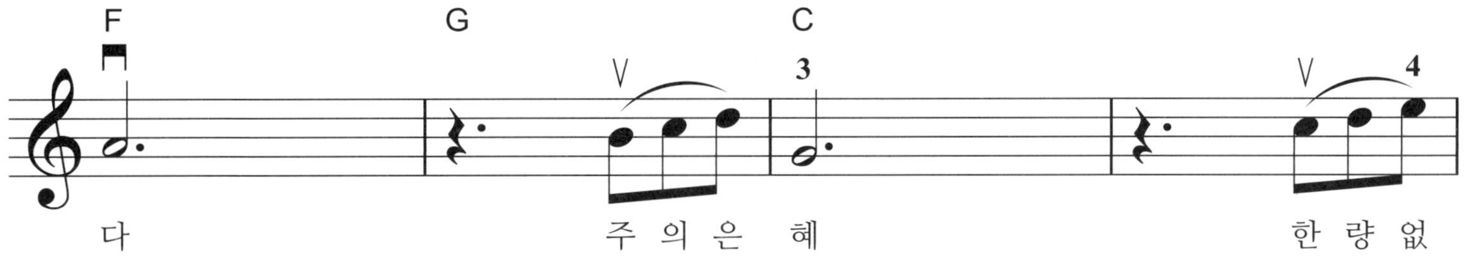
F   G   C
다   주의은혜   한량없

F   G   C
는   주의은혜   은혜로

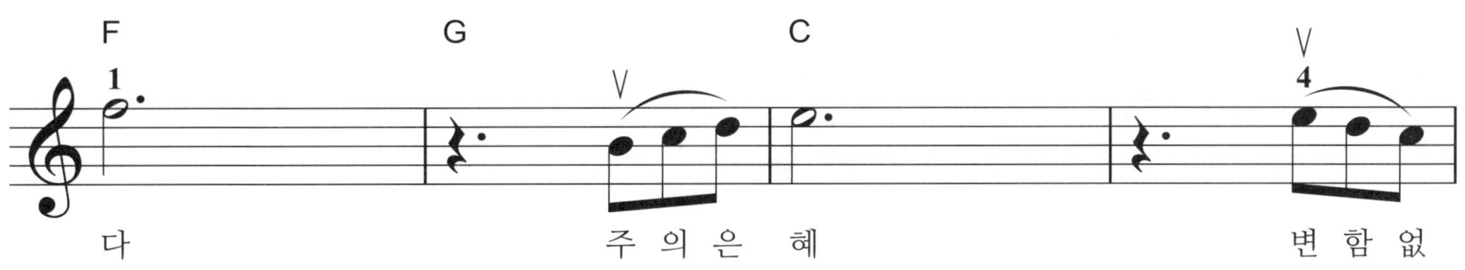
F   G   C
다   주의은혜   변함없

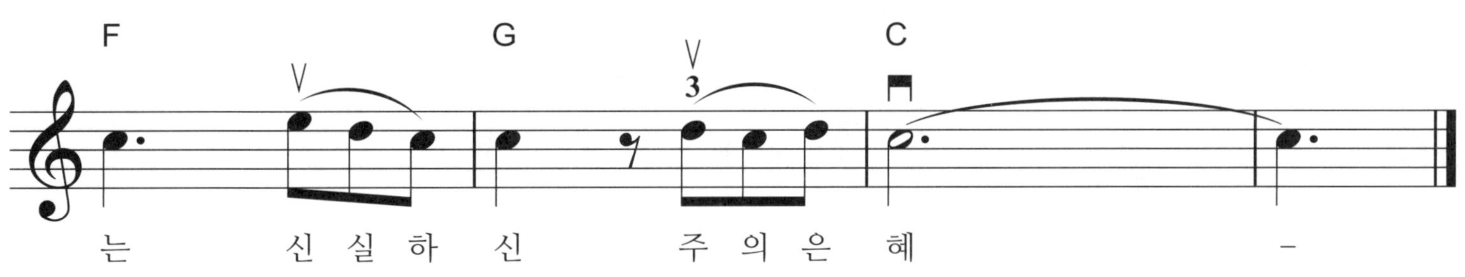
F   G   C
는   신실하신   주의은혜   _

나의 모습 나의 소유

I Offer My Life

Claire Cloninger, Don Moen 작사, 작곡

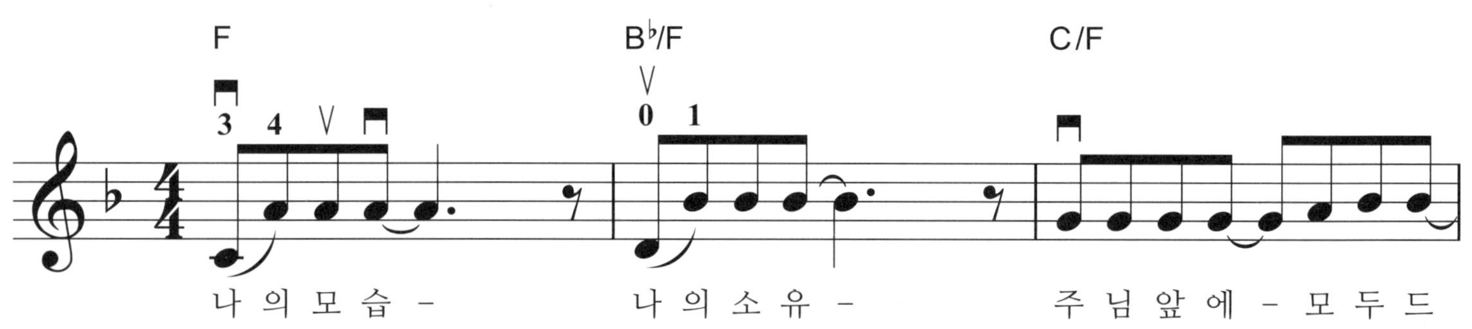
F
Bᵇ/F
C/F
나의 모습 - 나의 소유 - 주님앞에 - 모두드

Gm/F
F C/E Dm7
Bᵇ2
F/A
- 립니다 - 모든아픔 - 모든기쁨 - 내

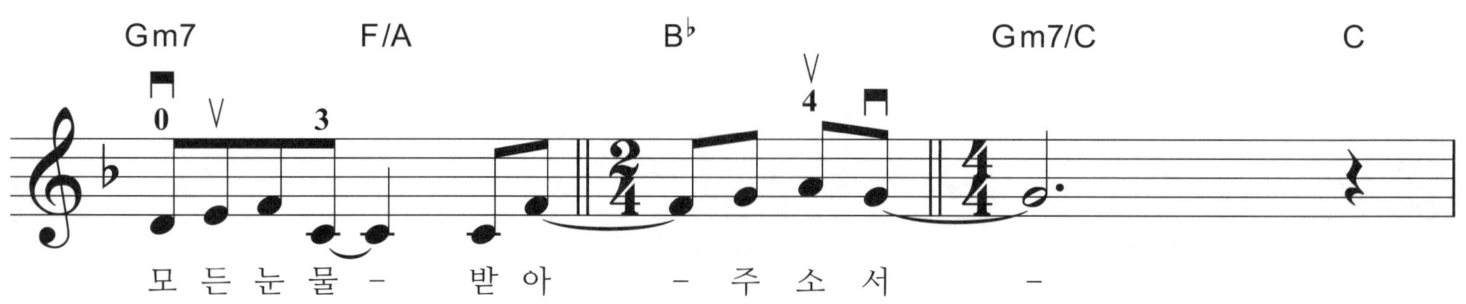
Gm7
F/A
Bᵇ
Gm7/C
C
모든눈물 - 받아 - 주소서 -

F   Dm7   Gm9   F/A
나 의 생명을드 - 리니 주영광위 - 하여 -

B♭   B♭M7/C   F   Dm7
사용하옵소 서   내 가 사 는날 동 - 안에 주를찬양

Gm9   F/A   B♭   B♭M7/C A7/C♯ Dm   Am7/C
- 하며 -   기쁨의제물 되리 -

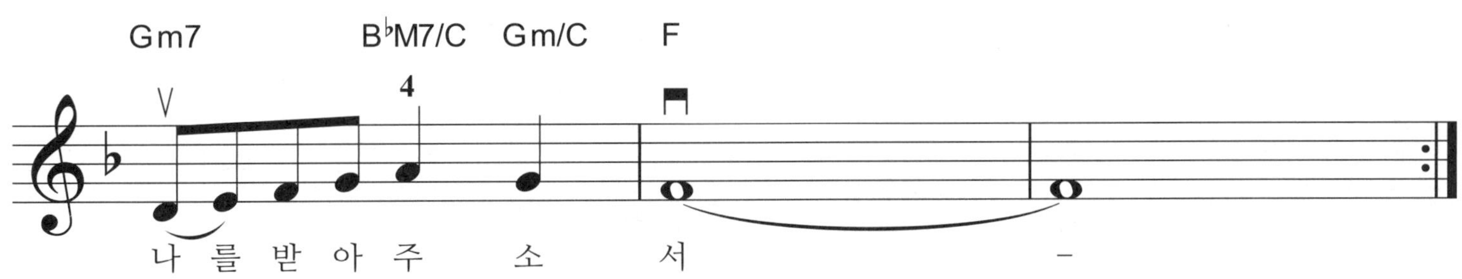

Gm7   B♭M7/C Gm/C   F
나 를받아주 소 서   -

거룩하신 하나님

Give Thanks

Henry Smith 작사, 작곡

거 룩 하신 하나님 - 주 께 감사드 리세 -
의 맘과 뜻 다해 - 주 를 사랑 합 니다 -
날 위해 - 이땅에 오 신 독 생 자 - 예 수 나
수 내 가 약할 때 강 함 주 고
가난 할 때 우 리 를 부요케하 신나의 주
감 - 사 내 사 감 사 -

오직 주의 사랑에 매여

고형원 작사, 작곡

오 직 주 의 사랑에 매여 내 영 기 뻐 노래합니
주 의임 재안에 갇 혀 내 영 기 뻐 찬양합니
다 이 소 망 의언 덕 기 쁨 의땅 - 에 서
다 이 소 명 의언 덕 거 룩 한땅 - 에 서
주 께 사랑드립 니 다 오 직 다 주 께
주 께 경배드립 니
서 주 신 모 든 은 혜 나 - 는 말할수 없
네 내 영 혼 즐 거 이 주 따르렵 - 니 다 -
주 께 내삶드립 니 다

너는 그리스도의 향기라

구현화 작사, 이사우 작곡

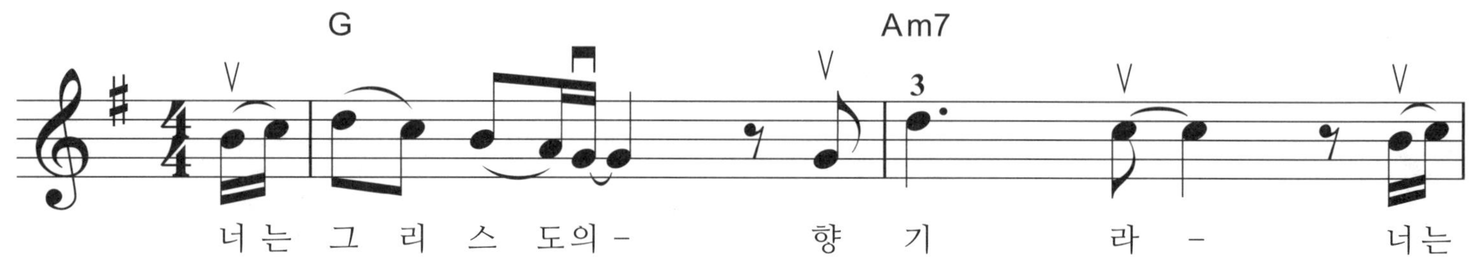

G
Am7
너는 그 리 스 도의 - 향 기 라 - 너는

G/B
C9
Am
D
C
그 리 스 도의 - 편 지 라 하 나 님 - 앞 에 서그 - 리

Bm
Em
Am
스 도의 - 향 기 니 - 너를통 해생 명이 - 흘 러 가

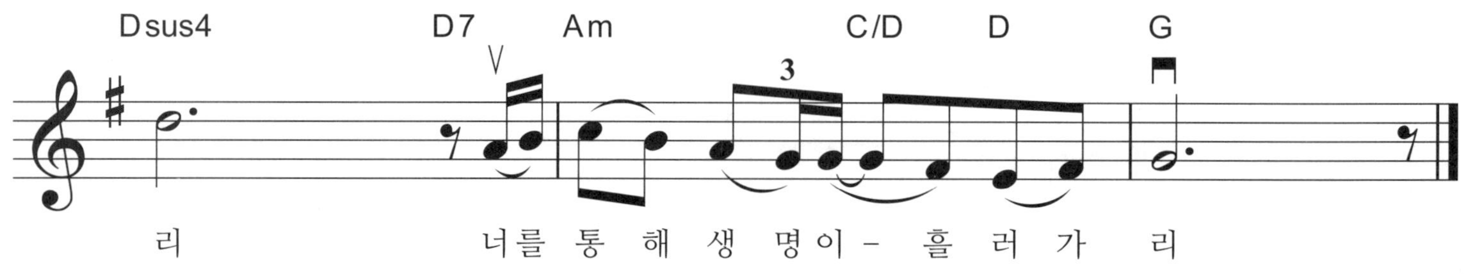

Dsus4
D7
Am
C/D
D
G
리 너를통 해생 명이 - 흘 러 가 리

주 찬양합니다

Cl. Fraysse Bergese 작사, 작곡

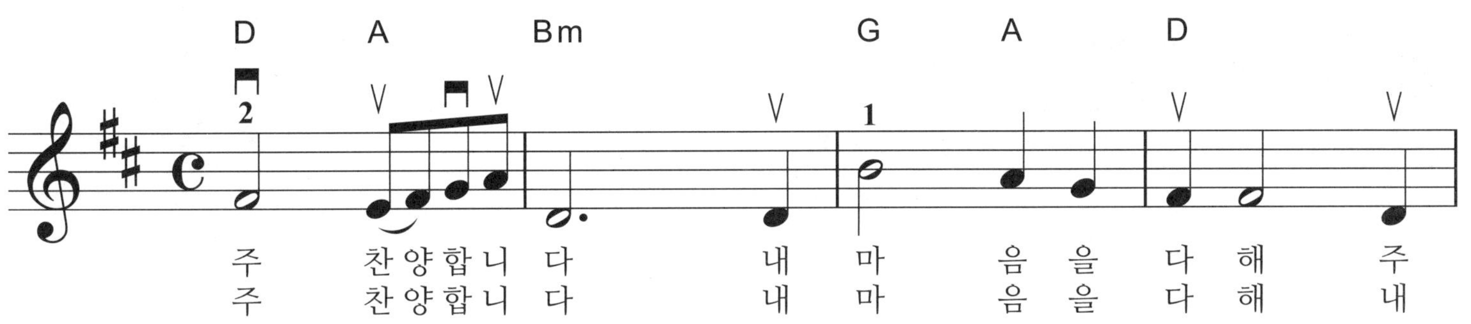
D A Bm G A D
주 찬양합니 다 내 마 음을 다 해 주
주 찬양합니 다 내 마 음을 다 해 내

1.G A F#7 Bm Em E7 Asus4 A
가 하신놀 라운 일 들을세 상에 모 두 전 하 리 다

2.G A F#7 Bm Em A7 D
가 주－를 기뻐 하며찬양해 할 렐 － 루 － 야 지

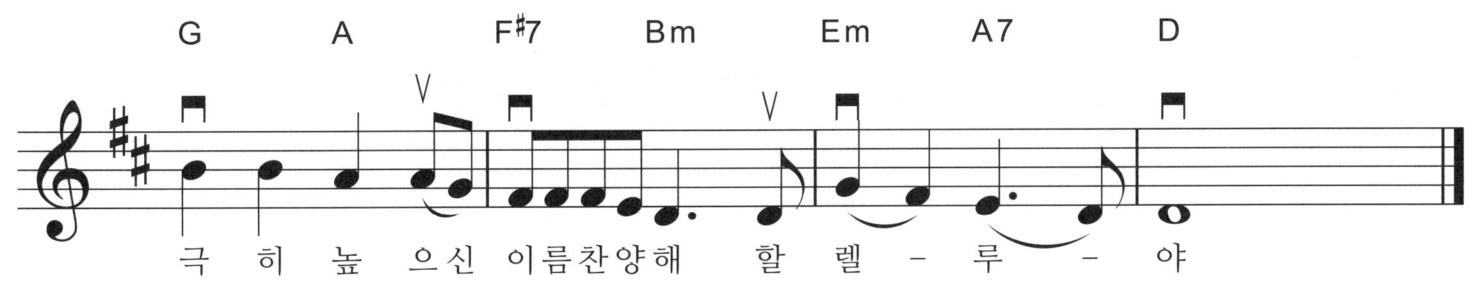
G A F#7 Bm Em A7 D
극 히 높 으신 이름찬양해 할렐 － 루 － 야

십자가 그 사랑

The Love Of The Cross

Stephen Hah 작사, 작곡

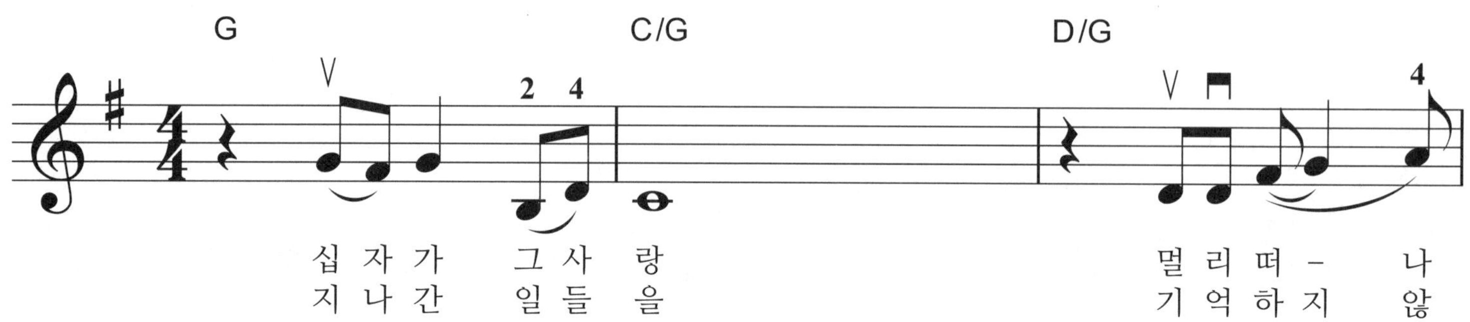

G
C/G
D/G
2 4
4
십 자 가 그 사 랑
지 나 간 일 들 을
멀 리 떠 – 나
기 억 하 지 않

G
Em
Am7
서
고
무 너 진 나 의 삶 속 에
이 전 에 행 한 모 든 일

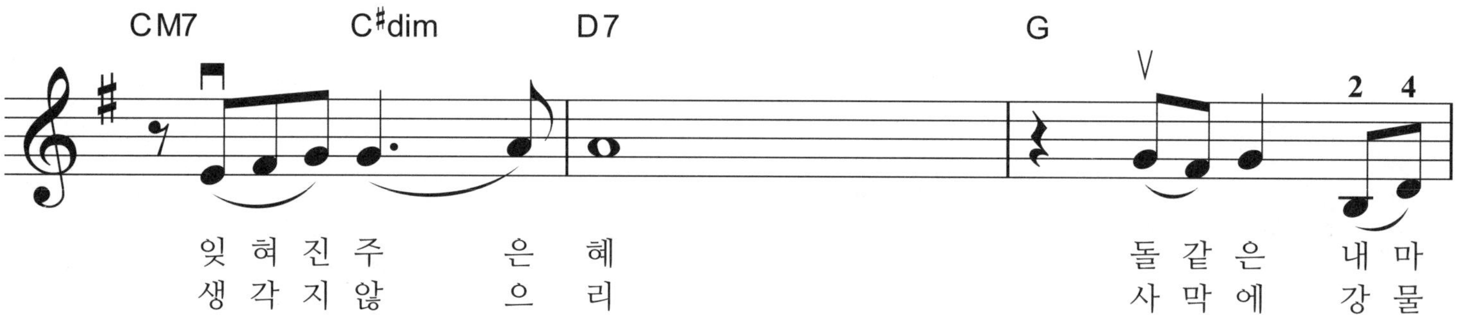

CM7
C#dim
D7
G
2 4
잊 혀 진 주 은 혜
생 각 지 않 으 리
돌 같 은 내 마
사 막 에 강 물

Am7
D/F#
G
4
음
과
어 루 만 – 지 사
길 을 내 시 는 주

다 시 일 으 켜 세 우 신 주 를 사 랑 합 니
내 안 에 새 일 행 하 실 주 만 바 라 보 리

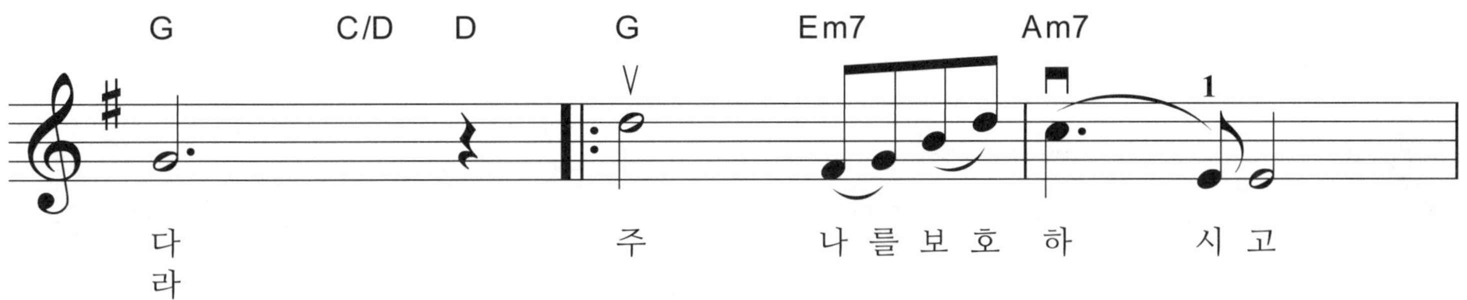

다 주 나 를 보 호 하 시 고
라

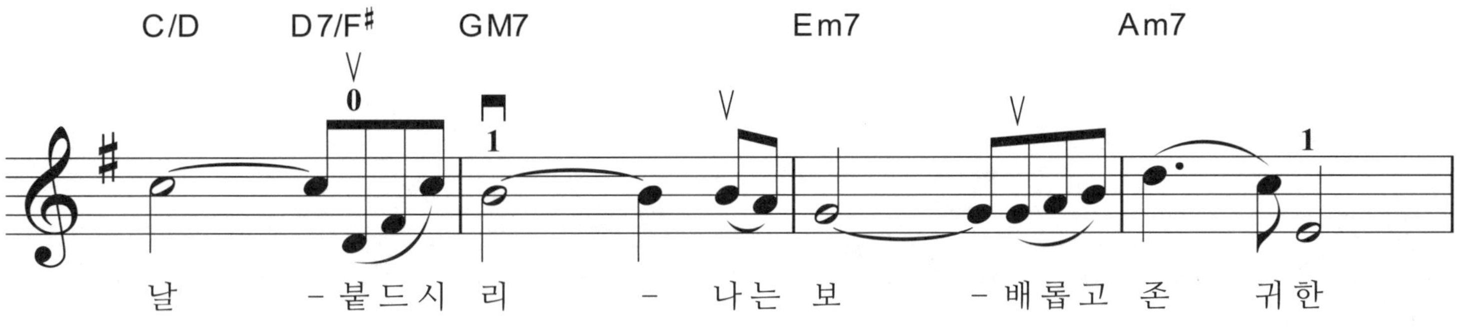

날 -붙드시 리 - 나는보 -배롭고 존 귀 한

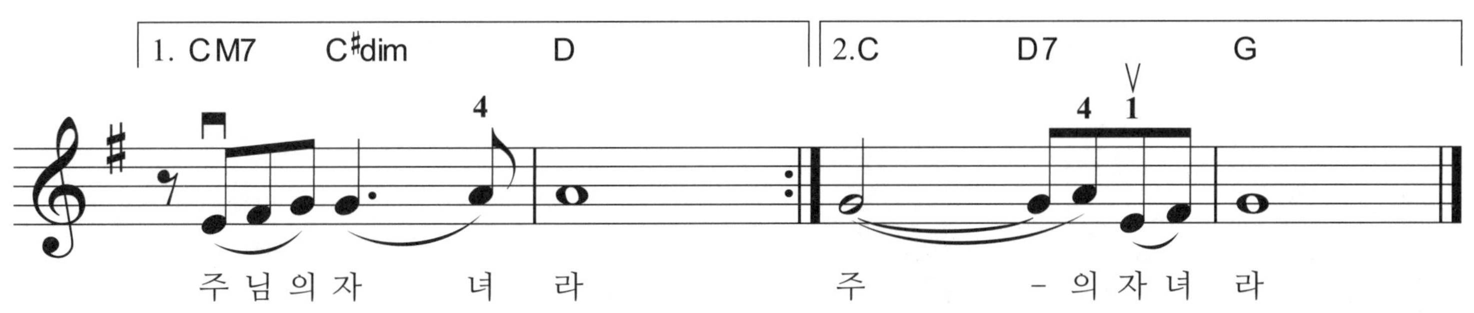

주 님 의 자 녀 라 주 - 의 자 녀 라

문들아 머리 들어라

작사, 작곡 미상

문 들 아 머 리 들 – 어 라   들 릴

지 어 다 영 원 한 문 들 아   영 광 의   왕 들 어 가

시 도 록 영 광 의   왕 들 어 가 – 신 다

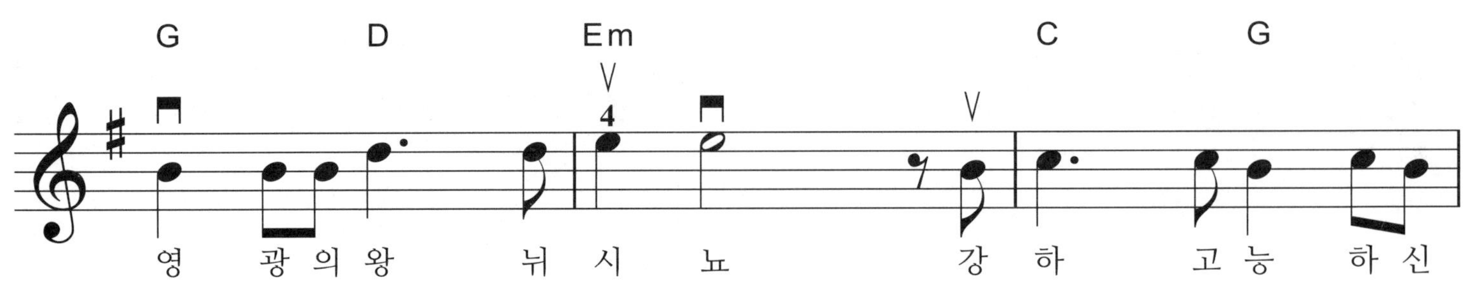
영 광 의 왕   뉘 시 뇨   강 하 고 능 하 신

주 로 다 - 전 쟁에능 하신 주 시 라 다

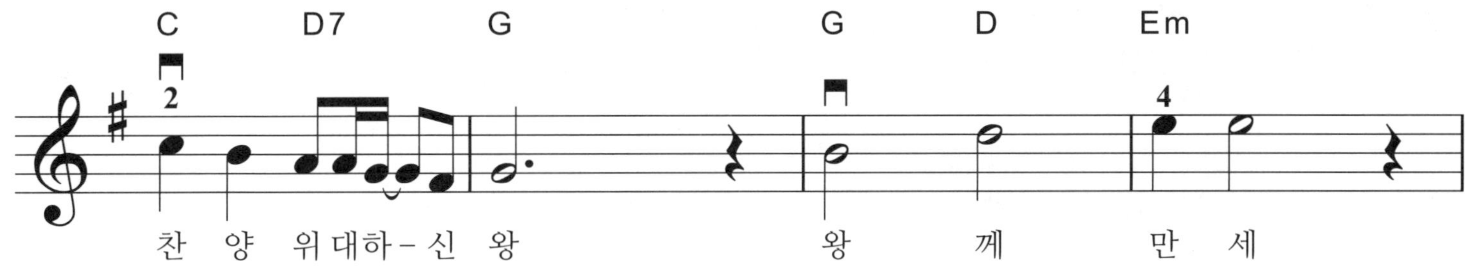

찬 양 위대하-신 왕 왕 께 만 세

왕 께 만 -세- 당 신은영 광 의

왕 이 라 다 찬 양 위대하-신 주

축복송

송정미 작사, 작곡

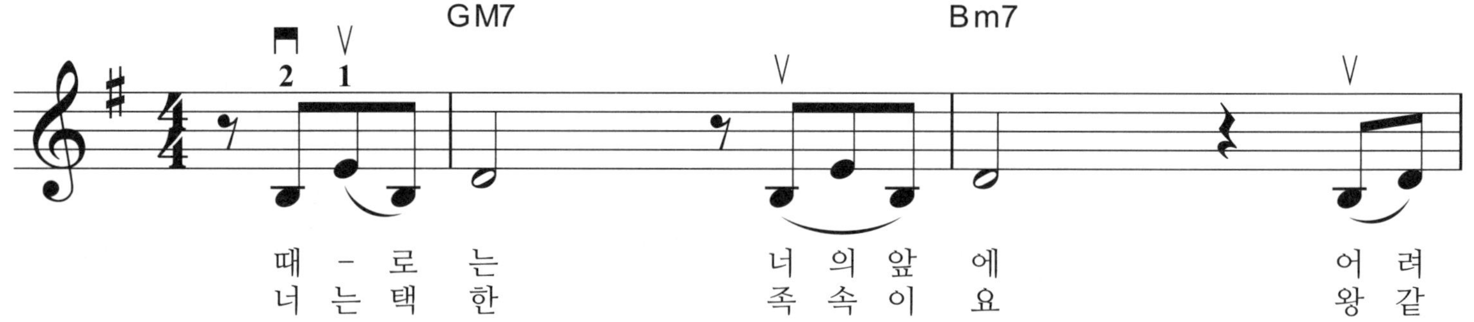

GM7
Bm7
때 – 로 는 너 의 앞 에 어 려
너 는 택 한 족 속 이 요 왕 같

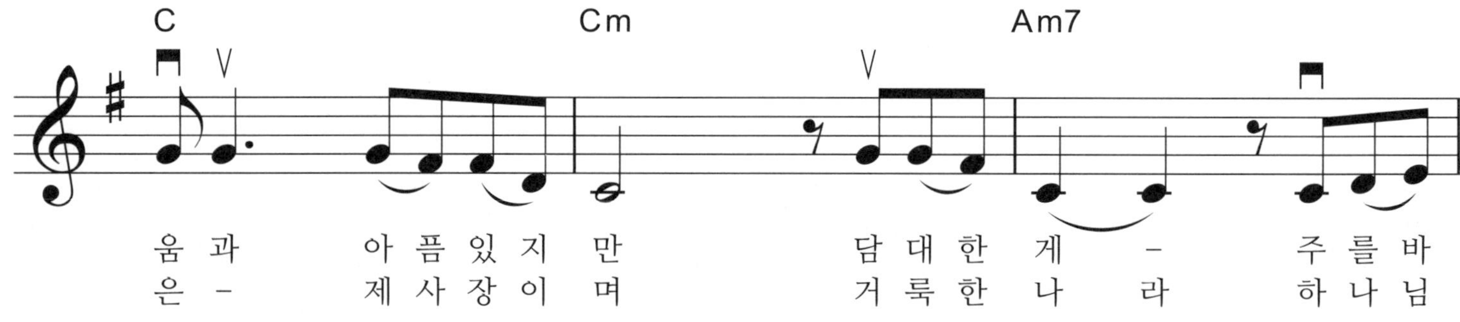

C
Cm
Am7
움 과 아 픔 있 지 만 담 대 한 게 – 주 를 바
은 – 제 사 장 이 며 거 룩 한 나 라 하 나 님

D7
GM7
E7
라 보 는 너 의 영 혼 – 너 의 영
의 소 유 된 백 – 성 – 너 의 영

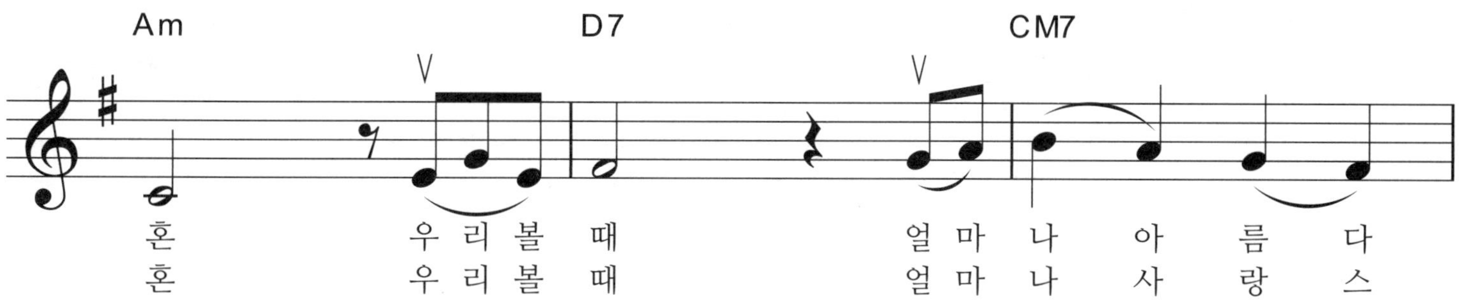

Am   D7   CM7
혼   우 리 볼 때   얼 마 나 아 름 다
혼   우 리 볼 때   얼 마 나 사 랑 스

Am7   C   D
운   -   지   너 의 영 혼 통 해
러   운 지

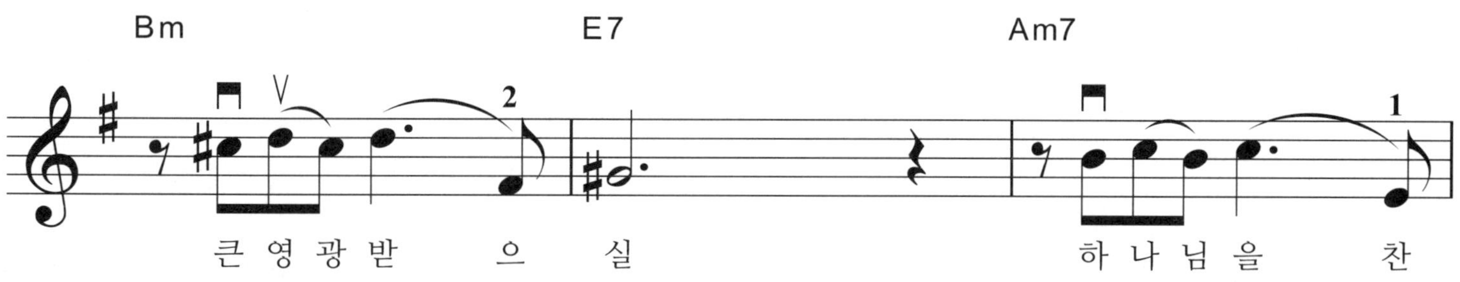

Bm   E7   Am7
큰 영 광 받 으   실   하 나 님 을 찬

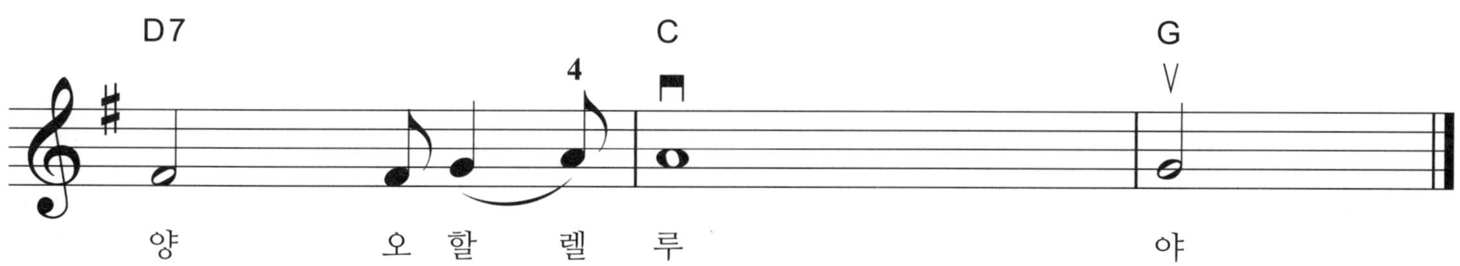

D7   C   G
양   오 할 렐 루   야

꽃들도

박흥운 역사, Mebig 작사, 작곡

이 곳에 생 명 샘 솟 아 나 눈 물 골 짝 지 나 갈 때
그 날 에 하 늘 이 열 리 고 모 든 이 가 보 게 되 리
에 머 잖 아 열 매 맺 히 고 웃 음 소 리 넘 쳐 나 리
라 마 침 내 꽃 들 이 피 고 영 광 의 주 가 오 시 리
라 꽃 들 도 구 름 도 바 람 도 넓 은 바 다 도 찬 양 하
라 찬 양 하 라 예 수 를 하 늘 을 울 리 며 노 래
해 나 의 영 혼 아 은 혜 의 주 은 혜 의 주 은 혜 의 주

정결한 맘 주시옵소서

Create In Me A Clean Heart

Keith Green 작사, 작곡

정 결 한 맘 주시 옵 소서 - 오 - 주 님
정 직 한 영 을 새 롭 게 하 소 서 - 정
- 나를 주 님 앞 에 서 - 멀 리 하 지 마 시 고
주 의 성 령 을 거 두 지 마 옵 소 서 - 그
구 원 의 기 쁨 - 다 시 회 복 시 키 시 - 고
변 치 않 는 맘 내 안 에 주 소 서 -

주를 위한 이곳에

김준영 작사, 임선호 작곡

주를 위한 이곳 에 예배하는 자들 중
에 그가찾는이없어 주님께
서 슬퍼하시네 - 주님이찾으시
는 그한사람 그예 배 자 내가그사람되
길 간절히주 께예배하네 - 주은혜 -

D   Asus4   A   Bm7
로   이곳에 서있네 주임재-에   엎드려

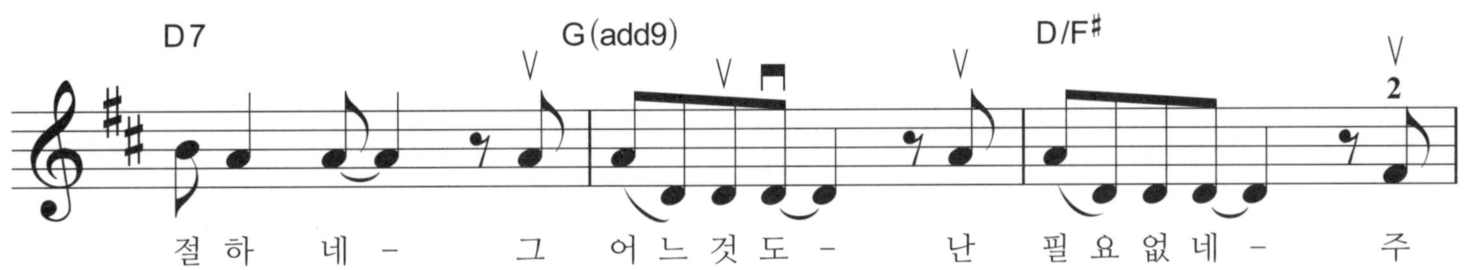

D7   G(add9)   D/F#
절하네- 그 어느것도- 난 필요없네- 주

Em7   G/A   D
님만- 경배-해- 주은혜-로   이곳에

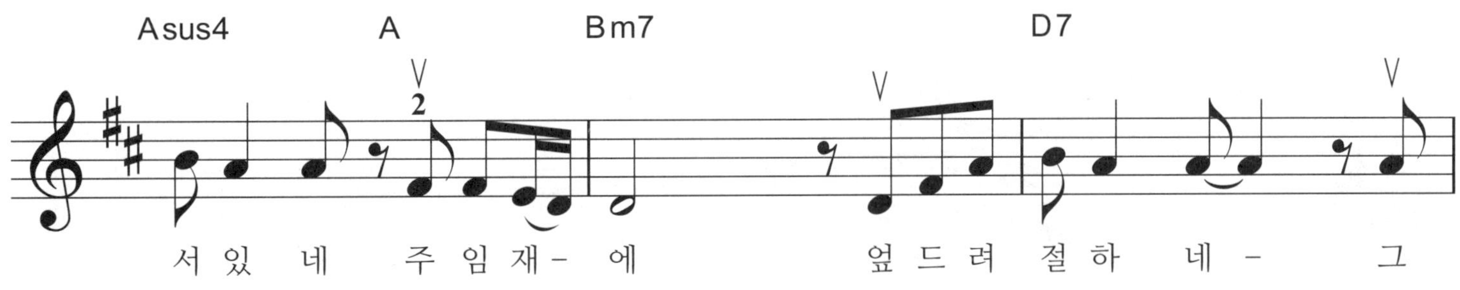

Asus4   A   Bm7   D7
서있네 주임재-에   엎드려절하네- 그

G(add9)   D/F#   Em7   G/A   D
어느것도- 난 필요없네- 주 님만- 경배-해

또 하나의 열매를 바라시며

설경욱 작사, 작곡

감사 해요 깨달지 못했 었 는데 - 내 가
얼 마나 - 소중한존재 라 는걸 - 태 초부터지금까지
하 나님의 사랑은- 항 상 날 향하고있었 다 는걸 - 고 마 워
요 그사랑 을 가르 쳐 준 당 신께- 주
께 서 허 락하- 신 당 신 께

그 리 스 도 의 사 랑 으 - 로 더 욱 섬 기 며 - 이제

나 도 세 상 에 - 전 하 리 라 당 신 은 사 랑 받 기 - 위

해 그 리 고 그 사 랑 - 전 하 기 - 위 해

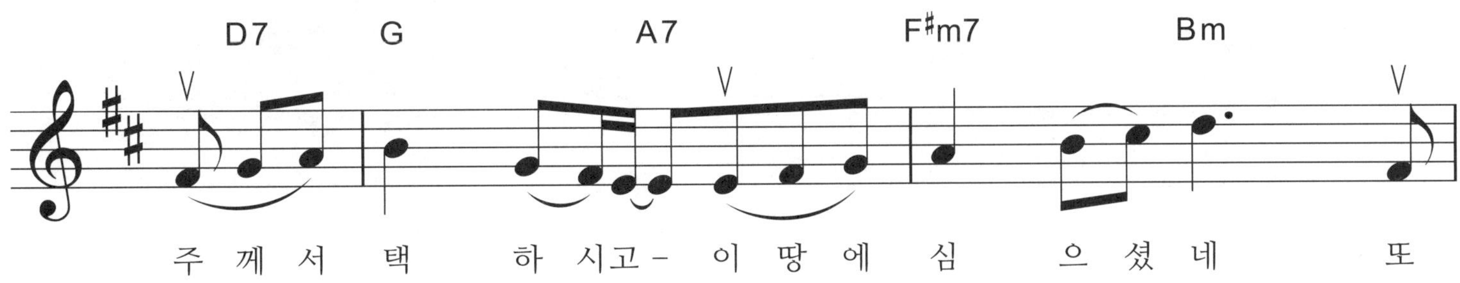
주 께 서 택 하 시 고 - 이 땅 에 심 으 셨 네 또

하 나 의 - 열 매 를 바 라 시 며

나 무엇과도 주님을

Heart And Soul

Wes Sutton 작사, 작곡

D   A/C#   G/B   D/A
나 무엇과 - 도주님을바 - 꾸 지 - 않 으리 -

G   A   D   Asus4 A   D   A/C#
다 른어떤 - 은혜 - 구 하 지않 - 으 리 - 오직 주님만 - 이 내 삶에 -

G/B   D/A   G   A   D   C/D
도 움이 - 시 니 - 주 의 - 얼굴 보기 - 원합니 다 -

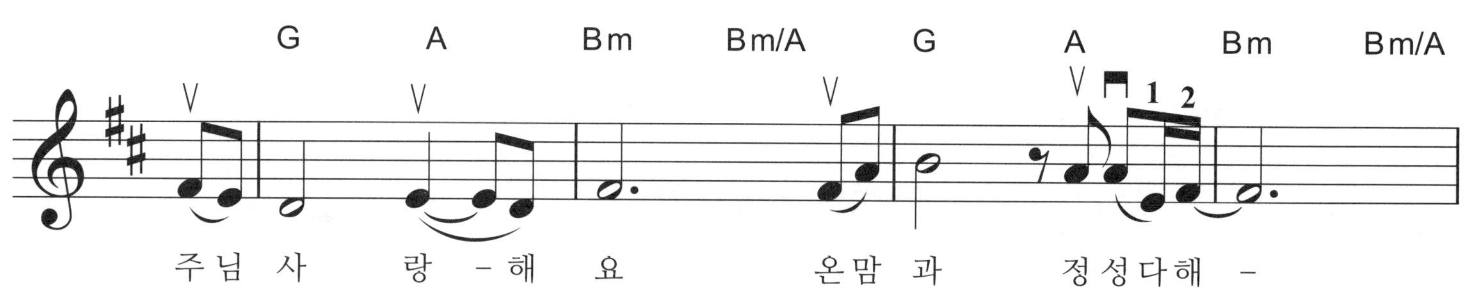

G   A   Bm   Bm/A   G   A   Bm   Bm/A
주 님 사 랑 - 해 요 온 맘 과 정 성다해 -

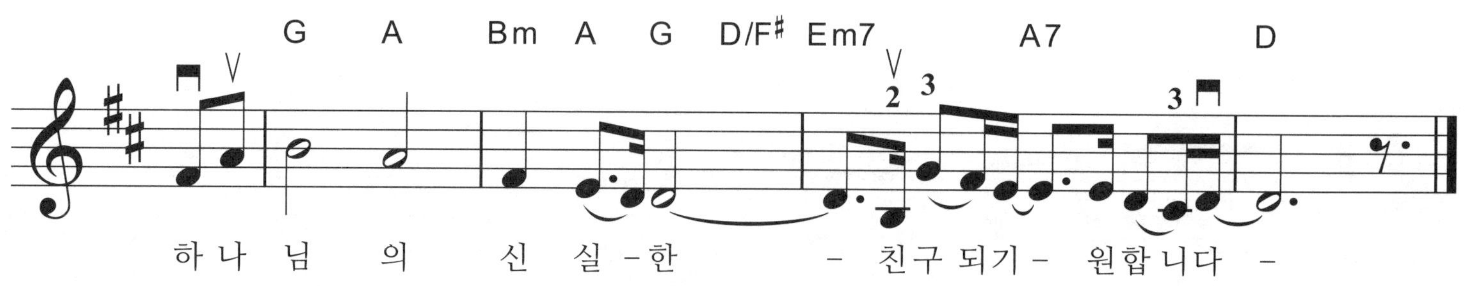

G A Bm A G D/F# Em7   A7   D
하 나 님 의 신 실 - 한 - 친구 되기 - 원합 니 다 -

주 은혜임을

정선경 작사, 소진영 작곡

주 나의모 습보 네
주 사랑내 게있 네
상 한나 - - 의맘 보시 - 네
그 사랑 - - 이날 채우 - 네
주 나의눈 물아 네
주 은혜내 게있 네
홀 로울 - - 던맘 아시 -
그 은혜 - - 로날 세우 -
네
네
세 상소망 - 다 사라져가 - 도 -
주 의사랑 - 은 끝 이없으니 -
살 아가는 - 이
모 든순간 - - 이 - 주 은혜임을 - 나 는믿 네

행복

손경민 작사, 작곡

G   D/F#   Em7   Bm/D
화 려 하 – 지 않 아 도 –   정 결 하 – 게 사 는 삶 –
눈 물 날 – 일 많 지 만 –   기 도 할 – 수 있 는 것 –

C   G/B   Am7   D7
가 진 것 – 이 적 어 도 –   감 사 하 – 며 사 는 삶 –
억 울 한 – 일 많 으 나 –   주 를 위 – 해 참 는 것 –

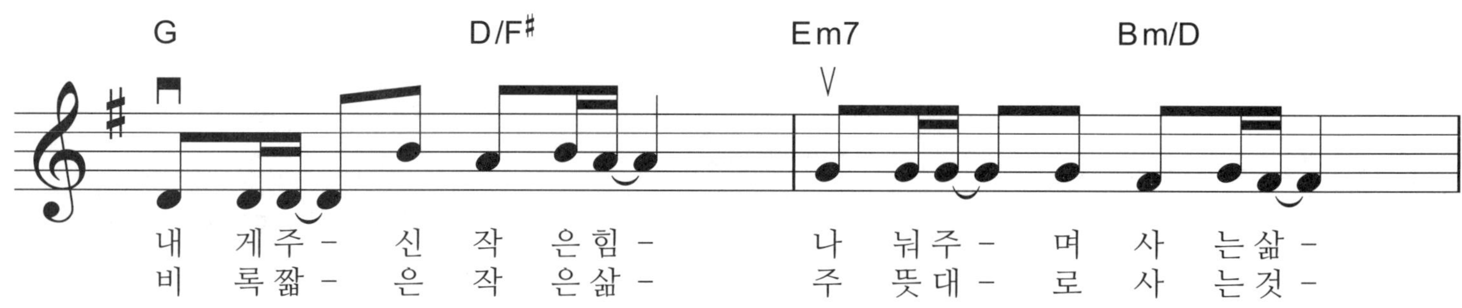

G   D/F#   Em7   Bm/D
내 게 주 – 신 작 은 힘 –   나 눠 주 – 며 사 는 삶 –
비 록 짧 – 은 작 은 삶 –   주 뜻 대 – 로 사 는 것 –

C   G/B   Am7   D7   G   1. C/D   D
이 것 이 – 나 의 삶 에 –   행 복 이 라 오 –

2. C/D   D   G   G/B   C   G/B
이것이   행   복   행 복 이 라 오 -

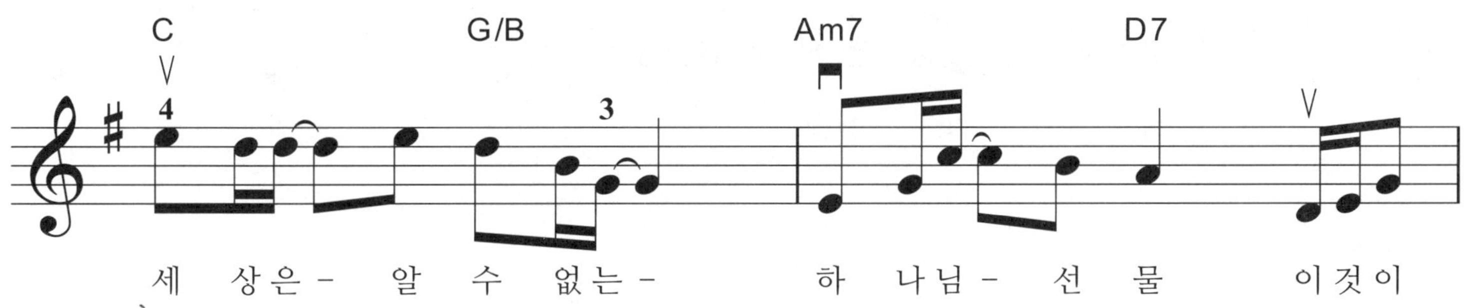

C   G/B   Am7   D7
세 상 은 -   알 수 없 는 -   하 나 님 - 선 물   이것이

G   G/B   C   G/B   Em7   Bm7/D
행   복   행 복 이 라 오 -   하 나 님 - 의 자 녀 로 -

C   G/B   Am7   D7   G
살 아 가 는 것 -   이 것 이 - 행 복   이 라 오 -

그 사랑 얼마나

설경욱 작사, 작곡

G   D/F#   Em
다 표현 못 해도 – 나 표현 하 리라 – 다

C   G/B   Em   D   G
고 백 못 해도 – 나 – 고 백 하 리라 – 다 알 수 없 어도 – 나

D/F#   Em   C   G/B   1. Am7
알 아 가 리라 – 다 닮 지 못 해도 – 나 – 닮 아 가 리라

D   2. Am7   Dsus4   D
– – 다 닮 아 가 리라 – – 그 사

G   D/F#   Em   Em7/D C   G/B
랑 얼마나- 아름 다운지- - 그사 랑 얼마나- 날

Am7   D D7   G   D/F#   Em   Em7/D
부요케하 는지- 그사 랑 얼마나- 크고 놀라운지를- 그사

C   G/B   Am   D/G D7   G
랑 얼마나- 나를 감격하게하 는 지 -

주의 손에 나의 손을 포개고

주영광 작사, 작곡

주보혈 날정결케하고 주보혈 날자유케하니
주앞에 나예배하는 이 시 간 나의
모든것을주께드리네 주의손 날위해찢기
셨고 주의발 날위해박히 셨으니 이제
는 내가사 는것이아 니 요 오직주를위해사 는것이

D7sus4   C/D D C/E D/F#   G   Bm7
라   -   주의손에나의손을 포개고   또

Em7   Dm   G7sus4   C   D/C
주의발에나의발을 포개어   나 주와함께죽고 또

Bm7   Em7   Am7   A/C#   1. D7sus4   D
주와함께살리라-영 원토록-주위해살리 - 라 -

2. D7sus4   D   G
- 라 -   주 위해살리 - 라 -   -

주를 찬양

최덕신 작사, 작곡

세 상 의 유 혹 시 험 이 - 내 게 몰 려 올 때 에 나
거 짓 과 속 임 수 로 - - 가 득 찬 세 상 에 서 어

의 힘 으 론 그 것 들 - 모 두 이 길 수 없 네 거
디 로 갈 지 몰 라 - - 머 뭇 거 리 고 있 네 공

대 한 폭 풍 가 운 데 - 위 축 된 나 의 영 혼 어
중 의 권 세 잡 은 자 - 지 금 도 우 리 들 을 실

찌 할 바 를 몰 라 - - 헤 매 이 고 있 을
패 와 절 망 으 로 - - 넘 어 뜨 리 려 하

Dsus4   D7 C/G   G   C D G   C   G/B
때
네
주를 찬 양 손 을들고찬양 전 쟁은나에게 속 -

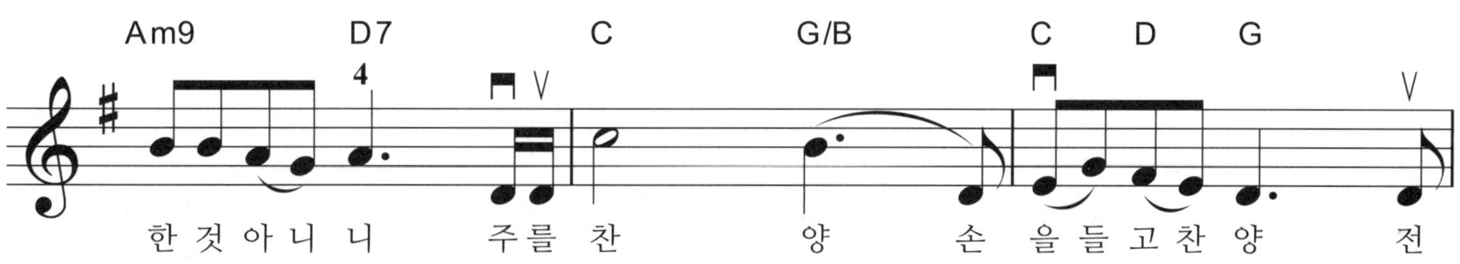

Am9   D7   C   G/B   C   D   G
한 것 아 니 니 주를 찬   양   손 을들고찬 양   전

C   G/B   Am   D7   G
쟁 은 하 나 님께- 속 한 - 것   이 니

예배합니다

I Will Worship You

Rose Lee 작사, 작곡

완 전 - 하신 나 의 주 의 의 - 길 로 날 - 인
도 하 소 - 서 - 행 하 신 - 모 든 일 주 님 의 영 광 -
다 경 배 합 - 니 다 - 예 배 합 - 니 다 - 찬 양 합 - 니 다
- 주 님 만 - 날 다 스 리 소 서 - 예 배 합 - 니 다
- 찬 양 합 - 니 다 - 주 님 홀 - 로 높 임 받 으 소 서 -

아바 아버지

김길용 작사, 작곡

아 바 아버 - 지 - 아 바 아버 - 지 나를
안 으시 - 고 바라보 - 시는 아 바 아버 - 지 - 아 바 아버 - 지 -
아 바 아버 - 지 나를 도 우시 - 고 힘 주시 - 는 아 버
지 주는 내 맘 - 을 고 치 - 시 고 볼수
없 는상 - 처 만 지 - 시 네 나 를아 - 시 고 나를
이 해하 - 시 네 - 내영 혼 새롭 게 세 우 - 시 네

멈출 수 없네

심형진 작사, 작곡

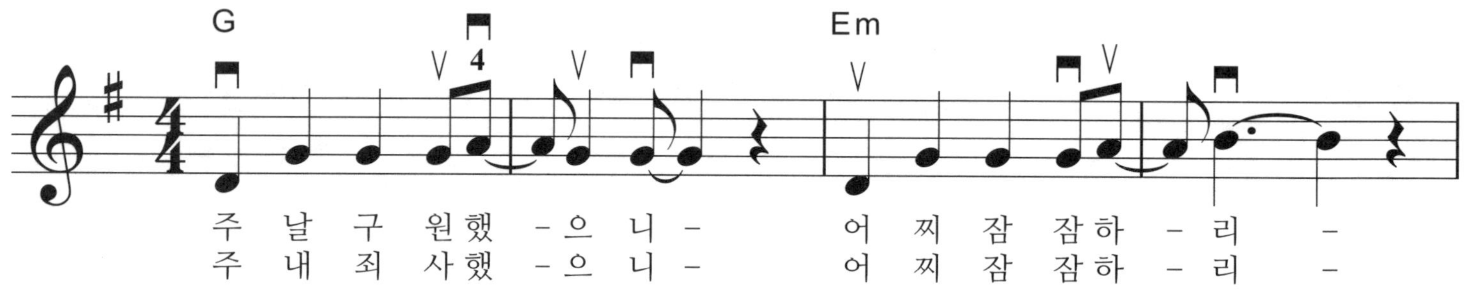

G
Em
주 날 구 원 했 - 으 니 -   어 찌 잠 잠 하 - 리 -
주 내 죄 사 했 - 으 니 -   어 찌 잠 잠 하 - 리 -

C
G
기 쁨 의 -   찬 송 드 - 리 리
기 쁨 의 -   경 배 드 - 리 리

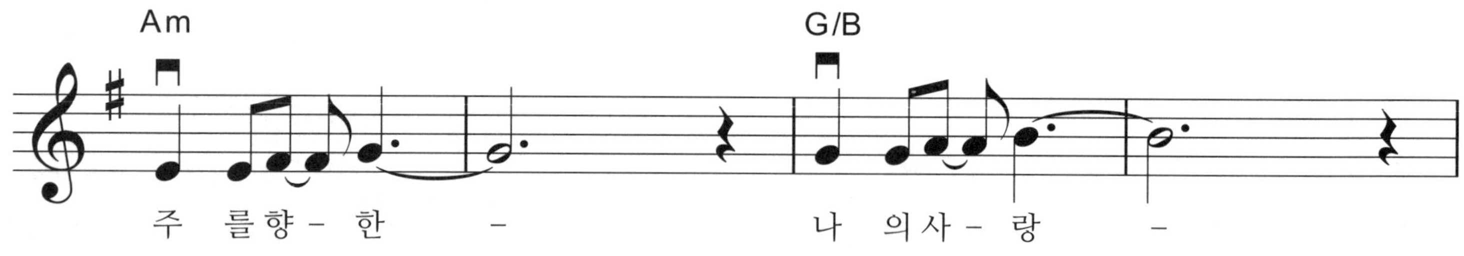

Am
G/B
주 를 향 - 한 -   나 의 사 - 랑 -

C
D
멈 출 수 없 - 네 -   멈 출 수 없 - 네 -

G   Em
나   – 기쁨의 춤 추 리 – – 내

C   D
모 든 슬 – 픔 바 꾸 셨네 –   –

G   Em
나   – 기쁨의 춤 추 리 – – 내

C   D   G
모 든 삶 – 주 안 – 에 – 있네

예수 피를 힘입어

양재훈 작사, 작곡

G   Am7   Bm   Em   C   Am
주 의 보 좌 로 나 아 갈 때 에   어 떻 게 나 아 가 야   할
나 여 전 히 부 족   하

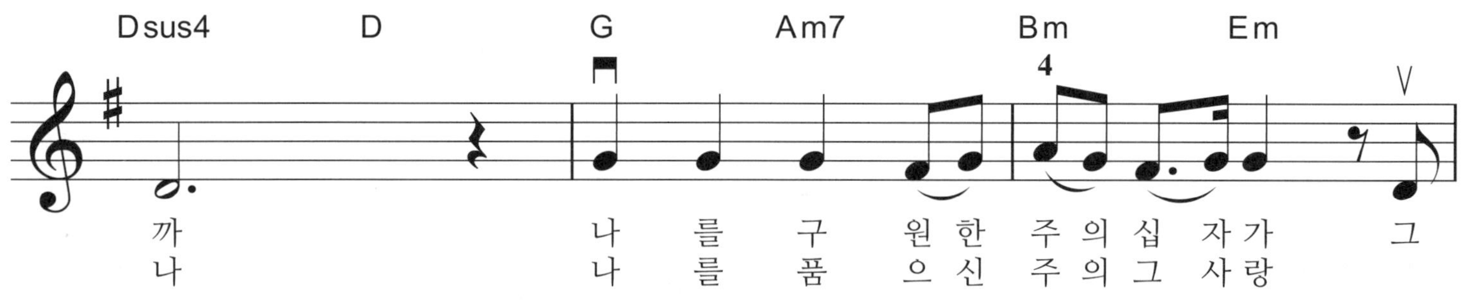

Dsus4   D   G   Am7   Bm   Em
까   나 를 구 원 한 주 의 십 자 가   그
나   나 를 품 으 신 주 의 그 사 랑

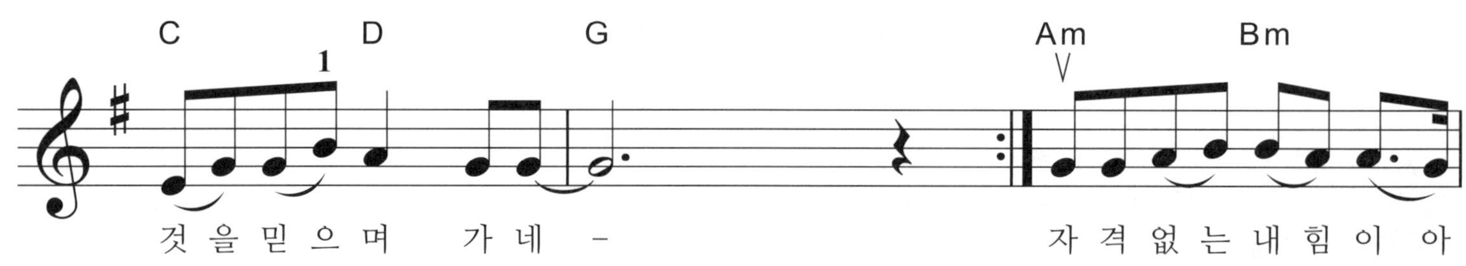

C   D   G   Am   Bm
것 을 믿 으 며 가 네 —   자 격 없 는 내 힘 이 아

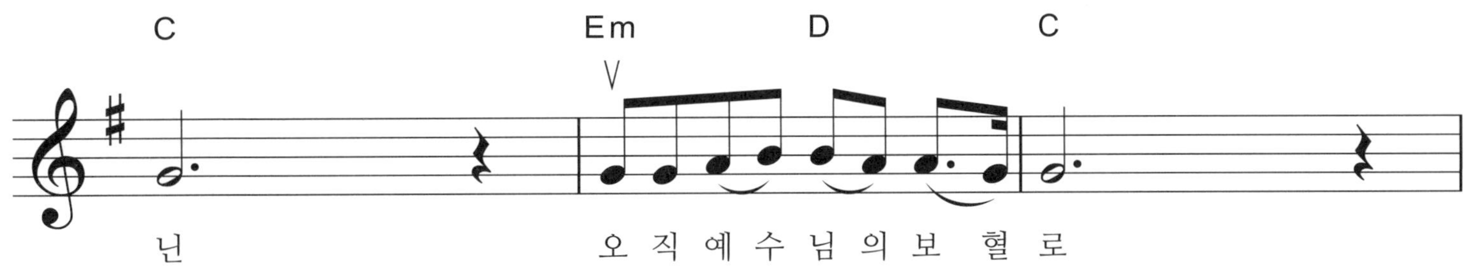

C
Em D C
닌 오 직 예 수 님 의 보 혈 로

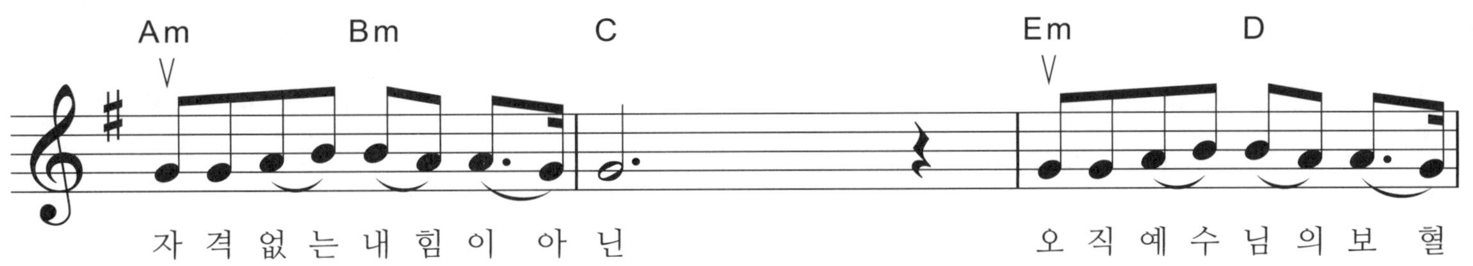

Am Bm C
Em D
자 격 없 는 내 힘 이 아 닌 오 직 예 수 님 의 보 혈

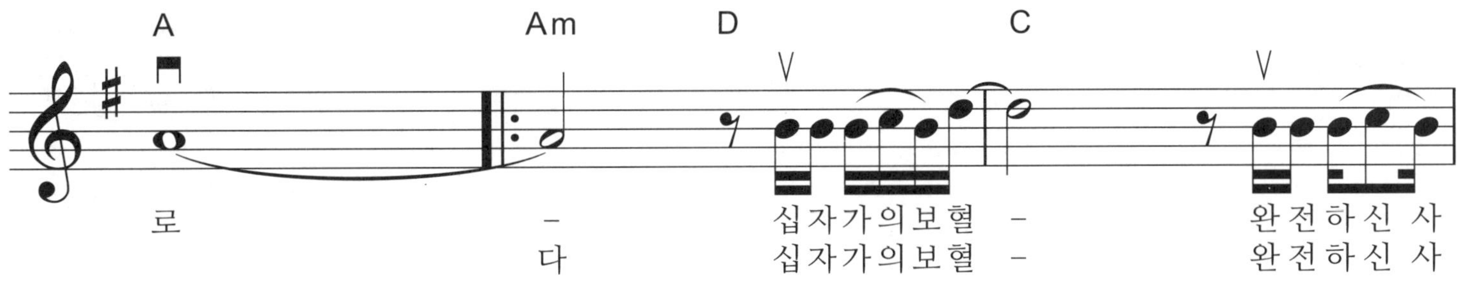

A Am D C
로 십 자 가 의 보 혈 – 완 전 하 신 사
다 십 자 가 의 보 혈 – 완 전 하 신 사

G/B 1. Am 2. Am D G
랑 힘 입 어 나 아 갑 니 – 예 배 합 니 다

그 사랑

박희정 작사, 작곡

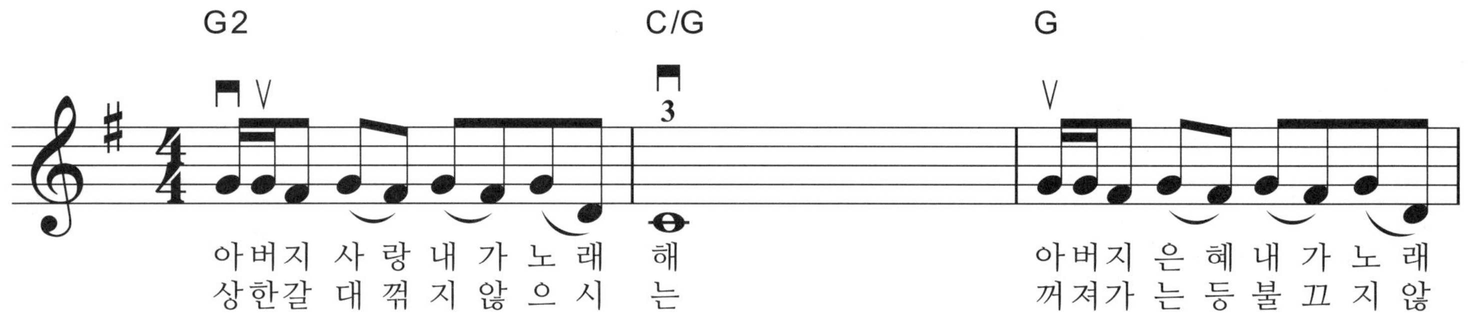

G2
C/G
G
아버지 사랑 내가 노래 해
상한갈 대 꺾지않으시 는
아버지 은혜 내가 노래
꺼져가 는 등불 끄 지않

C/G
D/F#
Em
E♭aug
G/D
C#dim
해 그사 랑 변 함없으 신 거 짓없으
는 그사 랑 변 함없으 신 거 짓없으

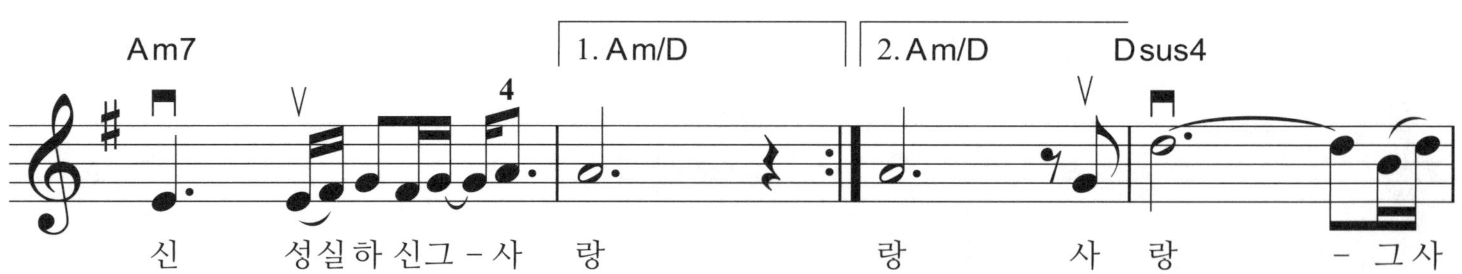

Am7
1. Am/D
2. Am/D
Dsus4
신 성실하 신그 - 사 랑 랑 사 랑 - 그사

G   D/F#   Em   Dm   G7   CM7   G/B
랑   - 날위해 죽으신 - 날 - 위해 다 시사신 - 예수그리스도 -

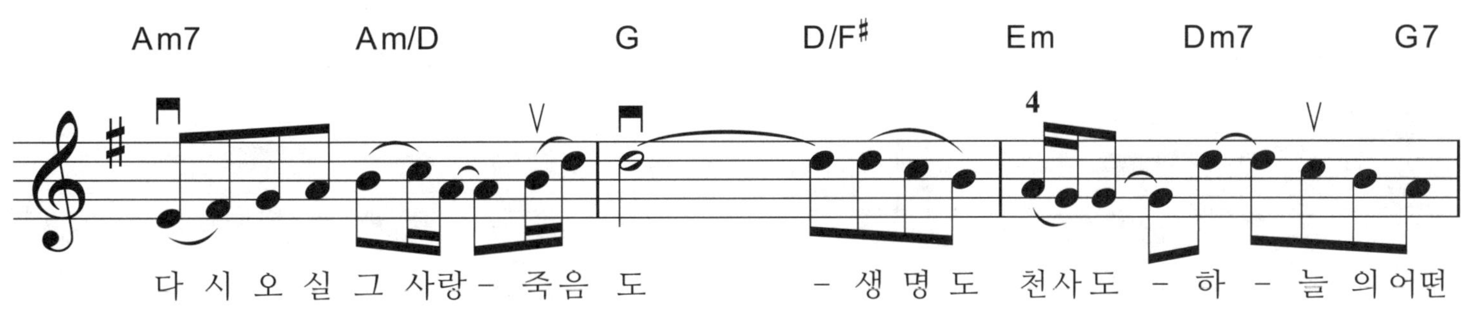

Am7   Am/D   G   D/F#   Em   Dm7   G7
다 시 오 실 그 사랑 - 죽음 도   - 생 명 도 천사도 - 하 - 늘 의어떤

CM7   G/B   Am7   Am7/D   G
권세도 - 끊을수없는 -   영원한 -   그사랑 - 예   수

보라 너희는 두려워 말고

이연수 작사, 작곡

G
Bm7
C
보 라 너 희 는 두 려 워 말 고 - 보 라 너 희 를

Dsus4
D7
G
Bm7
인 도 한 나 를 - 보 라 너 희 는 지 치 지 말 고 - 보

C
Dsus4
D7
C
G/B
라 너 희 를 구 원 한 나 를 - 너 희 를 치 던 적 은

Am   D7   Bm7   Em7   C   D7
어디 있느냐 - 너희 를 억누르던 - 원수는 어디 있느냐 -

D   G   Bm7   Em
보 라 하나님 구원을 - 보 라 하나님

Dm   G7   C   Cm/E♭
능력을 - 너희를 위 해 서 싸 우 시는 - 주의

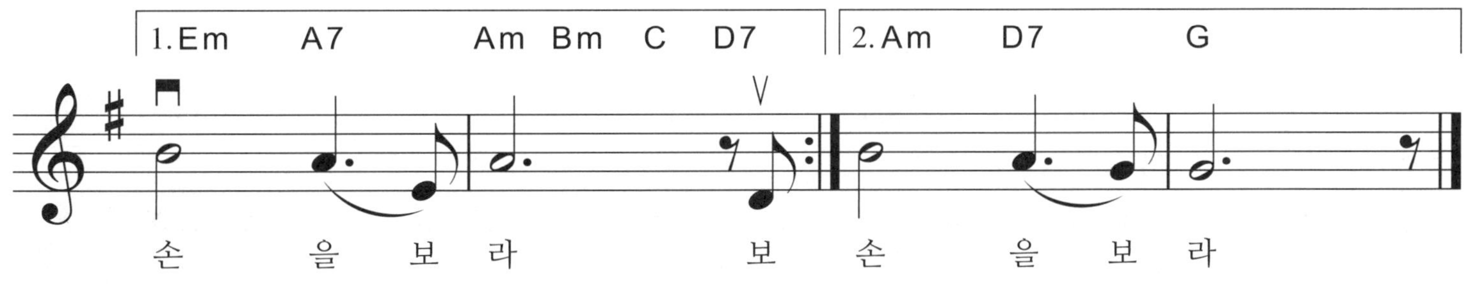

1.Em   A7   Am Bm C D7   2.Am   D7   G
손 을 보 라 보 손 을 보 라

부르신 곳에서

김준영 작사, 송은정 작곡

따스한 성령 -님-   마음으- 로보네

- 내 몸 을 감 싸며- 주어 지 는평-안 함-

만 족함- 을느끼 네 부르신곳 에 서 - 나는예 배 하 네

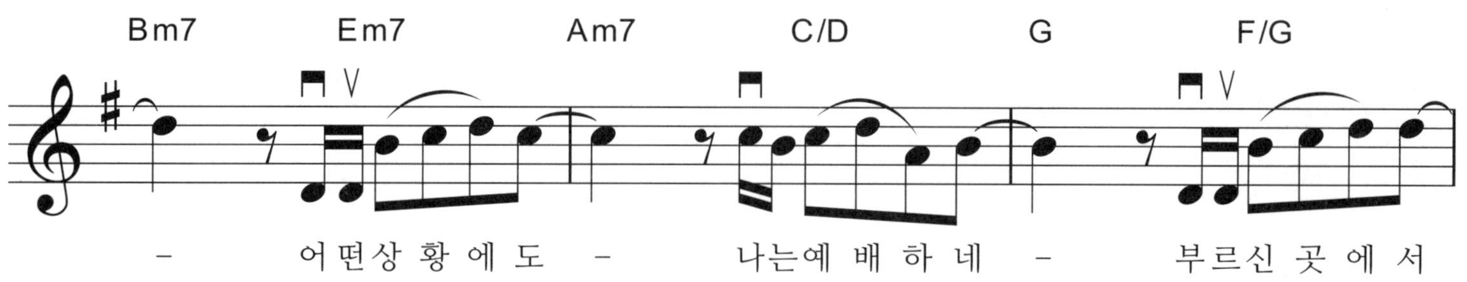
- 어떤상 황 에 도 나는예 배하 네 - 부르신 곳 에 서

CM7   Bm7   Em7   Am7   C/D
나는예배하네 -   어떤상황에도 - 나는 예배 하네

G   CM7   D/C   Bm7   Em7
Fine
내가 걸 어갈 - 때길 - 이되 - 고   살 아갈 - 때삶 - 이되 - 는그

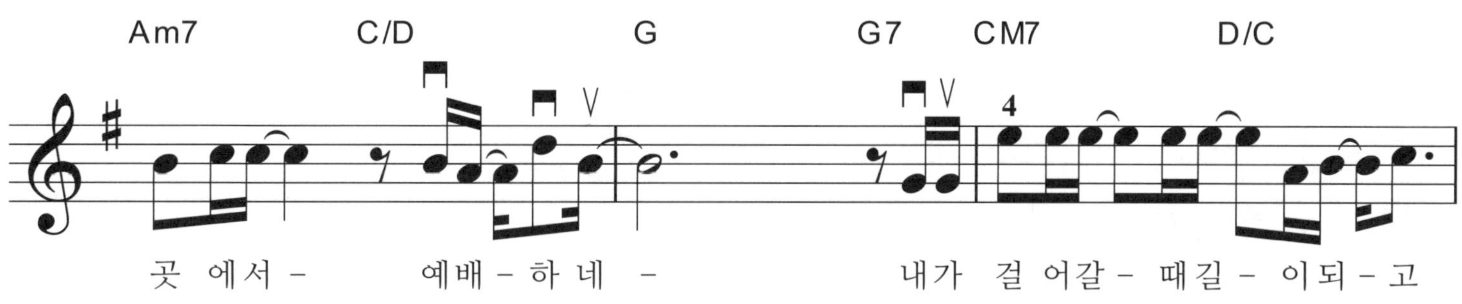

Am7   C/D   G   G7   CM7   D/C
곳 에서 -   예배 - 하네 -   내가 걸 어갈 - 때길 - 이되 - 고

Bm7   Em7   F   Dsus4   D
살 아갈 - 때삶 - 이되 - 는그 곳 에서 -   예배 - 하네 -   부르신곳 에 서
D.S. al Fine

나의 안에 거하라

류수영 작사, 작곡

나의 안에 거하라 - 나는 네 하나님 이니 - 모든

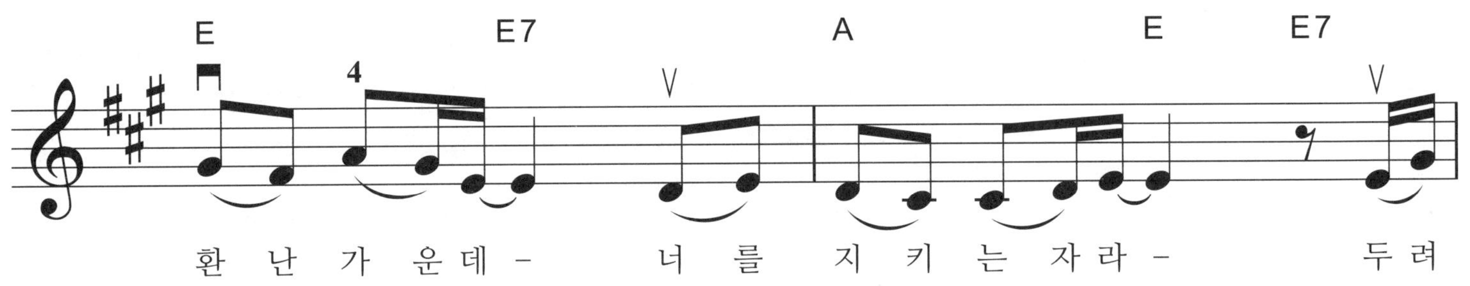
환난 가운데 - 너를 지키는 자라 - 두려

워하지 말라 - 내가 널 도와 주리니 - 놀라

지 말라 - 네 손 잡아 주리라 - 내가 너를

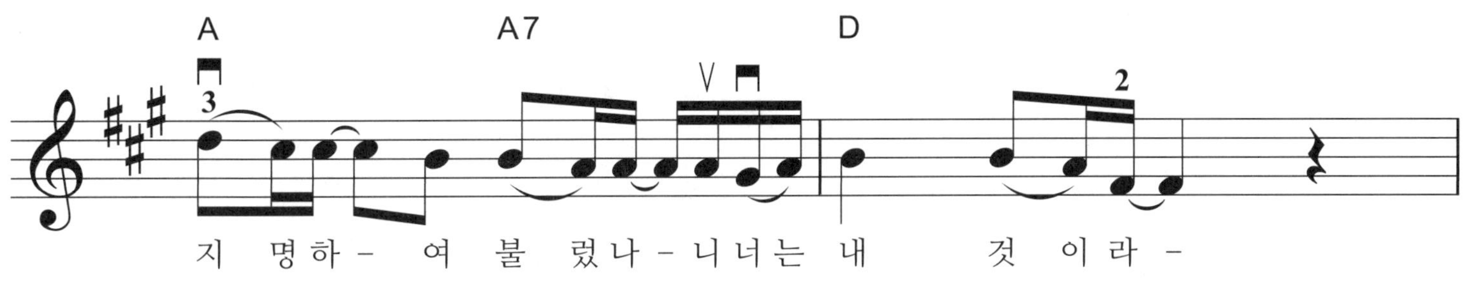

지 명하 - 여 불 렀나 - 니너는 내   것 이라 -

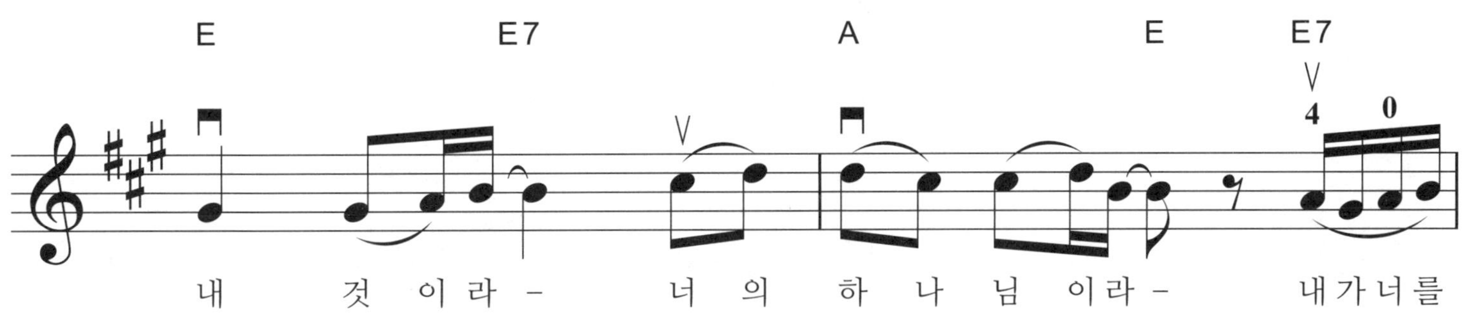

내 것 이라 - 너 의 하 나 님 이라 - 내가너를

보 배롭 - 고 존 귀하 - 게 여 기 노라 - 너를

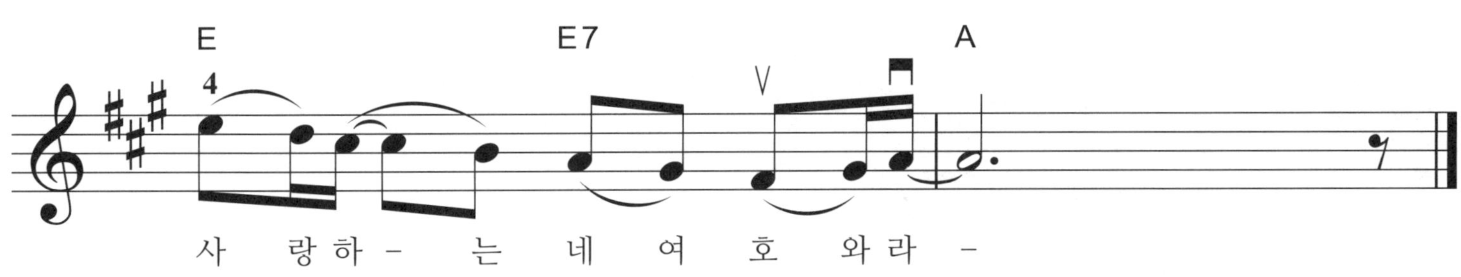

사 랑하 - 는 네 여 호 와 라 -

주께 가오니

The Power Of Your Love

Geoff Bullock 작사, 작곡

주께가 오니 - 날새롭게 하 시고 -
나의눈 열어 - 주를보게 하 시고 -
주의은혜 를 부어주 - 소 서
주의사랑 을 알게하 - 소 서
내 안에발 견한 - 나의연약
매일나의 삶에 - 주뜻이뤄
함 모두 - 벗어지리 라
지 도록 - 새롭게하소 서
- 주의사랑 으로 - - -

D   F#m   E   D/A   A E/G# F#m E
주   사랑 -   나를붙드시 - - 고
D   F#m   E   A   Bm7
주   곁에 -   날이끄소 - 서 -
A/C#   Bm7 A   D   F#m   E
-    독   수리 -   날개쳐올라
D/A   A   E/G# F#m   E
가 - - 듯   나주님과함께   일어나걸으
D   D/E   D/A   A
리   주의사랑안에 - - - -

주가 보이신 생명의 길

박정은 작사, 작곡

주 가 보 이 신 – 생 명 의 – 길 – 나
주 님 과 – 함 께 – 상 한 맘 을 드 – 리 며
– 주 님 – 앞 에 – 나 – 가 리 – 나 의
의 로 움 – 이 되 신 주 – 그 이 름 – 예 수
– 나 의 길 이 되 – 신 이 – 름 –

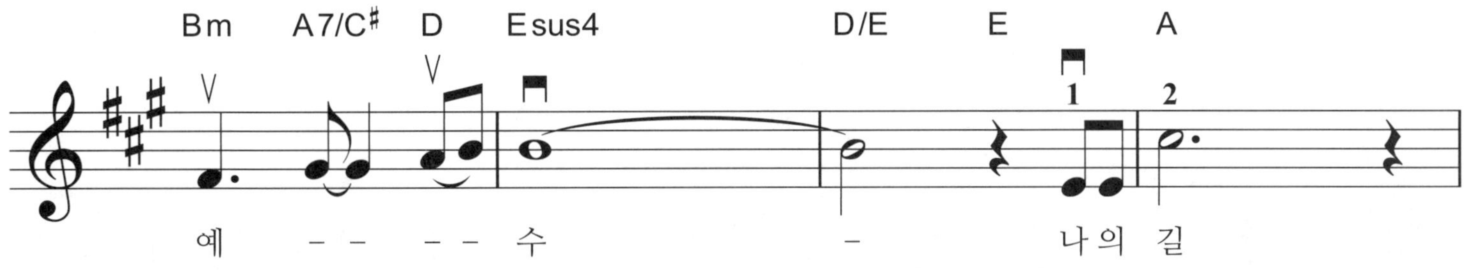

Bm A7/C# D Esus4 D/E E A
예 - - - - 수 - 나의 길

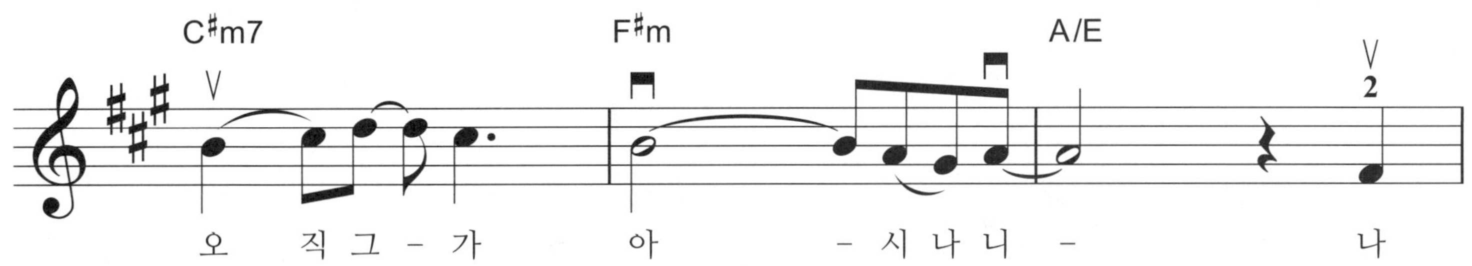

C#m7 F#m A/E
오 직 그 - 가 아 - 시 나 니 - 나

Bm Bm/A G E7
를 단 련 하 신 - 후 - 에 - 내

A Em7 D9 D A/C#
가 - 정 금 같 이

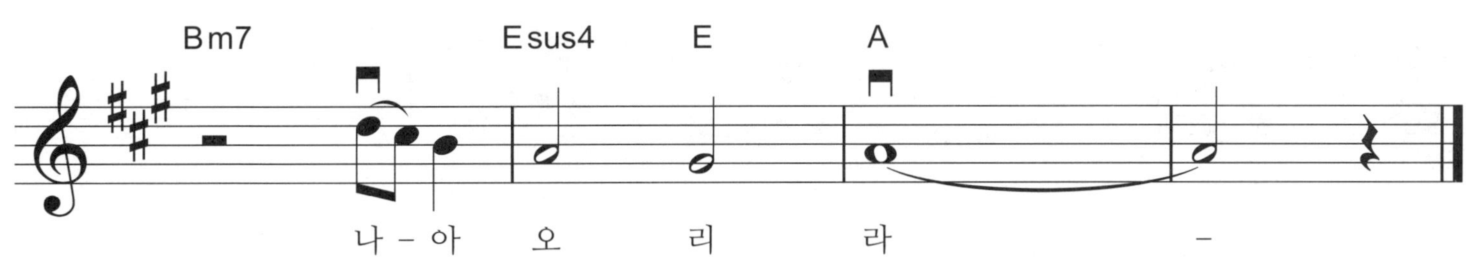

Bm7 Esus4 E A
나 - 아 오 리 라 -

주님 큰 영광 받으소서

Jesus Shall Take The Highest Honour

Chris A. Bowater 작사, 작곡

주 님 큰 영 광 받 - 으 소 서 - 홀 로 찬 양 받 으 - 소

서 모 든 이 름 위 에 - 뛰 어 난 그 이 름 - 온

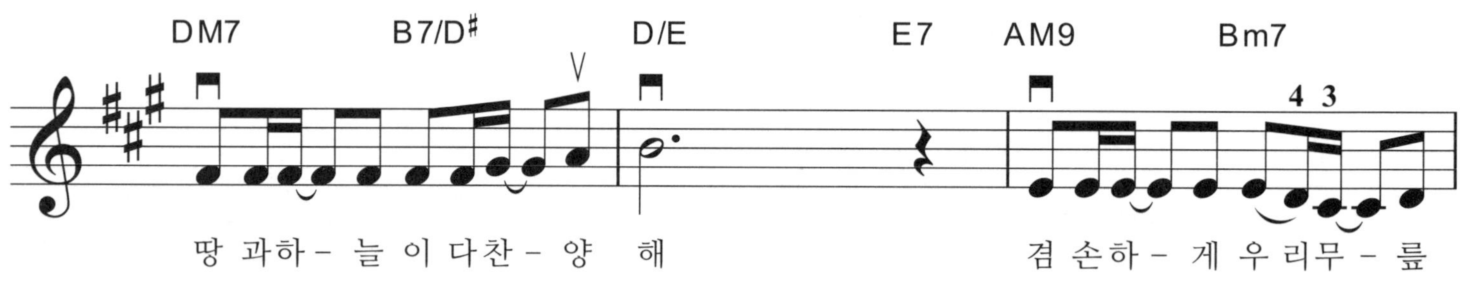
땅 과 하 - 늘 이 다 찬 - 양 해 겸 손 하 - 게 우 리 무 - 릎

꿇 고 - - 주 이 름 앞 - 에 영 광 돌 - 리 세

Bm7   E7   A   DM7   B7/D#
모 두 절하세 - 독생 자 예 - 수 -   주님께 - 찬 양드 - 리

D/E   E7   A   E/G#   F#m   A/E
리   모 든 영광 과존귀 와 능력 -

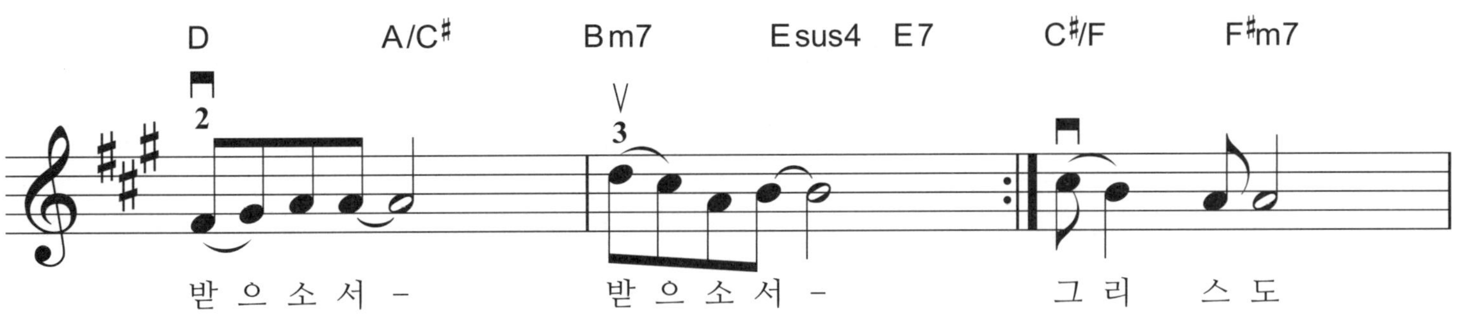

D   A/C#   Bm7   Esus4 E7   C#/F   F#m7
받으소서 -   받으소서 -   그 리 스 도

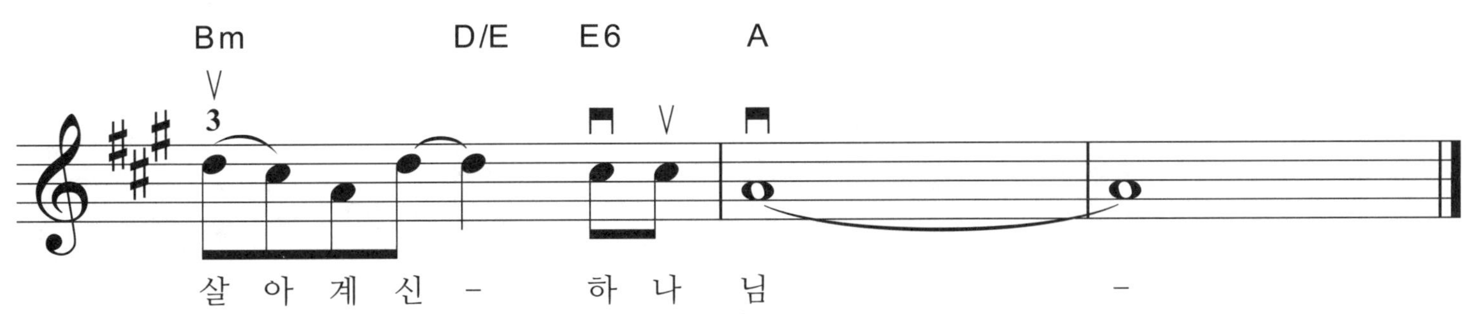

Bm   D/E E6   A
살아계신 -   하 나 님   -

모든 상황 속에서

김영민 작사, 작곡

모든상 황속 – 에 서
주를찬 양할 – 지
라
주는너 의큰 – 상 급
큰 도 움이 – 시 라
주의얼 굴구 – 할
때
주의영 을부 – 으 사
크신사 랑안 – 에
서
주를 보 게하 – 소 서
내 영 혼이 – 확 정 되고 – 확 정 되었 – 사 오 – 니 – 믿

음 의 눈 들 - 어 - - 주 를 바 라 봅 - - 니 다 내
영 혼 이 - 확 정 되 고 - 확 정 되 었 - 사 오 - 니 - 믿
음 의 눈 들 - 어 - - 주 를 바 라 봅 - 니 다
주 를 찬 양 할 - 때 주 의 나 - 라
이 미 임 - 했 네 그 - 영 원 한 - 나 - 라
보 게 하 - 소 서 - - 내

주가 일하시네

이혁진 작사, 작곡

CM7   G2/B   F/A   C/E
날이 저 물어– 갈때– 빈들 에 서걸– 을때– 그때
우리 모 인이– 곳에– 주님 함 께계– 시네– 누리

Dm7   G7   C   G7   CM7   G2/B
가 – 하나님 의때 – 내힘 으 로안– 될때– 빈손
네 – 아버지 은혜 – 적은 떡 과물– 고기– 내모

F/A   C/E   Dm7   G7
으 로걸– 을때– 내가 고 백해– 여호와 이 레
든 걸드– 릴때– 모두 고 백해– 여호와 이 레

C   C/E F   G/F   Em7   Am7 Am7/G
주가 일 하시네 - 주가 일 하시네 - 주께

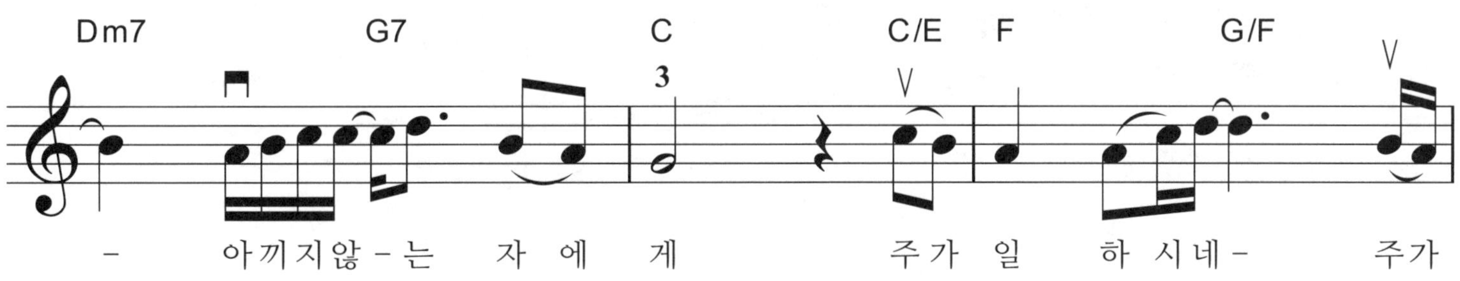

Dm7   G7   C   C/E F   G/F
아끼지않-는 자에게 주가 일 하시네 - 주가

Em7 E/G# Am7   Dm7   G7   CM7
일 하시네 - 신뢰하며 걷는자 - 에게 -

전능하신 나의 주 하나님

Deus Poderoso

Alda Celia 작사, 작곡

전 능 하 신나-의주 - 하나--님은 -
능치

못 하실- 일전 혀- 없 -네- 우리 의 모든- 간구--도

우리 의 모든- 생각--도 우리 의 모든- 꿈과- 모든- 소망 --도 -

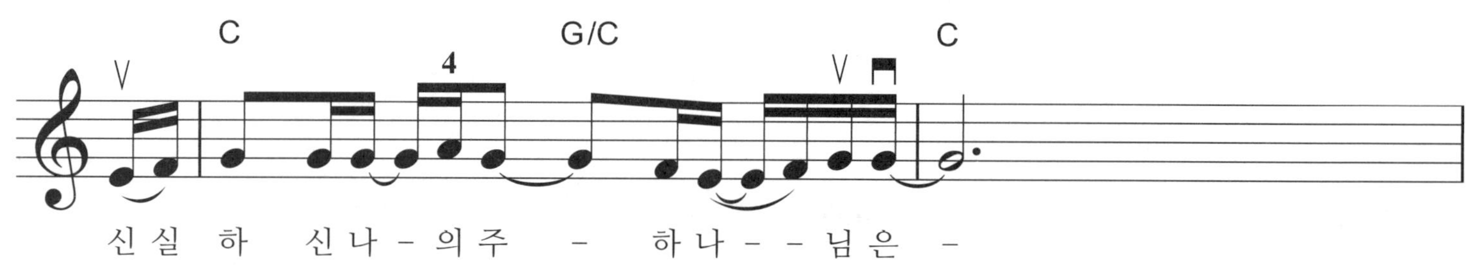
신 실 하 신나-의주 - 하나--님은 -

우리의 모 든괴- 로움- 바꿀- 수- 있 -네-

Dm7   F7/E♭   Dm7
불가 능 한일 - 행하 - 시고   죽은 자 를일 - 으키 - 시니
C/D   F/G   C   Dm   C/E
그를 이 길자 - 아무 - 도   없 - - 네 -   주의말씀
FM7   G/F   Em7   Am   Dm7   F/G
의 지 하 여 -   깊은곳에 그 물던 져 -   오늘 그 가놀 - 라운 - 일을 - 이루
CM7   Gm7   C/E   FM7   G/F
- 시 는 - 것보라 -   주의말씀 의 지 하 여 -   믿음으로
Em7   Am   Dm7   C/E   F   G   C
그 물던 져 -   믿는 자 에겐 - 능치 - 못함 - 없네 -

하나님 아버지의 마음

박용주 작사, 설경욱 작곡

C   G   Am
아 버 지 당 신 의 - 마 음 이 있 는 곳 에 - 나 의 마 음 이 - 있 기 를

G   F   G   Em   A
원 해 요 - - 아 버 지 당 신 의 눈 물 이 고 인 곳 에 - 나 의

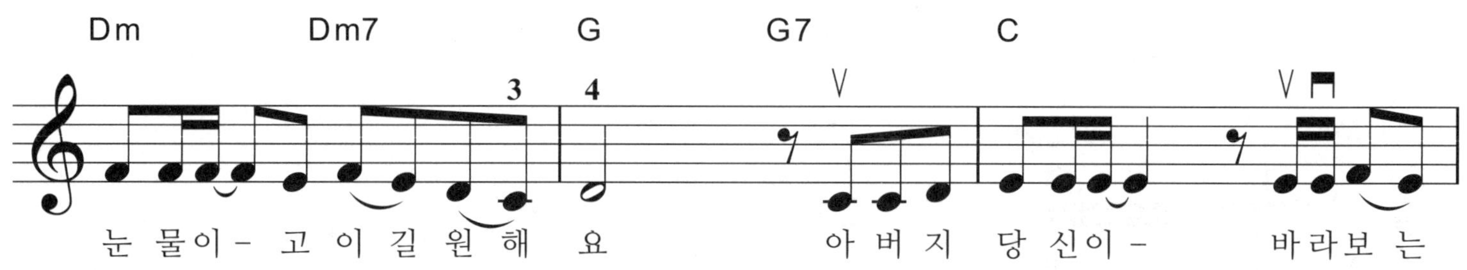
Dm   Dm7   G   G7   C
눈 물 이 - 고 이 길 원 해 요 아 버 지 당 신 이 - 바 라 보 는

G   Am   G
영 혼 에 게 - 나 의 두 눈 이 - 향 하 길 원 해 요 - - 아

F   G   Em   Am   F   D7
버 지   당 신 이 울 고 있 는 어 두 운 땅 에 – 나의 두 발이 – 향 하 길 원 해

Gsus4   G   C9   E   Am   C
요   나 의 마 음 이 아 버 지 의 마 음 알 아 – 내

F   C   Dm   G   C6   E
모 든 뜻 – 아 버 지 의 뜻 이 될 수 있 기 를 – 나 의 온 몸 이 아 버 지

Am   C   F   Fm   C
의 마 음 알 아 – 내 모 든 삶 – 당 신 의 삶 되 기 를 –

주는 완전합니다

함은진 작사, 소진영 작곡

C G/B Am7/G F G
주 여 – 우린 연약합 – 니 다   우린 오늘을– 힘겨 – 워 – 합니
주 여 – 우린 넘어집 – 니 다   오늘 하루 – – 또실 – 수 – 합니
C Csus4 C F G Em7 Am7
– 다 –   주뜻 이루며– 살기 – 엔 –   부 족합 – 니 다 우 린
– 다 –   주의 긍휼을 – 구하 – 는 –   죄 인입 – 니 다 우 린
Dm7 G 1.C F/G 2.C F/G
–   우린 연 약합 – 니 다   다   한
–   주만 바라봅 – 니
C G/B Am7 Dm7
없   는 주 님의– 은혜 –   온 세상 – 위에 – 넘칩 – 니 다

B♭   Gsus4 G7   Gm6   C   F   C/E
가 릴   수 없 는 주 - 영 -   광 -

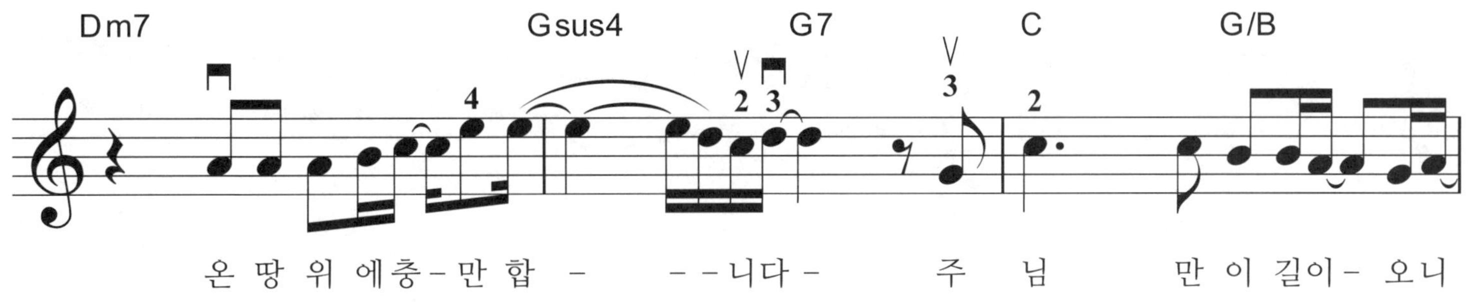

Dm7   Gsus4   G7   C   G/B
온 땅 위 에 충 - 만 합 -   - - 니 다 -   주 님   만 이 길 이 - 오 니

Am7   Dm7   B♭   Gsus4 G7
우 린 그 - 길 따 - 라 갑 - 니 다 -   그

Gm6   C   F   C/E   Dm7   F/G   C
날 에 우 릴 이 - 루 -   실 -   주 는 완 - 전 합 니 - 다 -

주께 가까이 날 이끄소서

Adhemar de Campos 작사, 작곡

주 께 가 까이 - 날 이 끄 소서 - - 간
절 히주 - 님만 -을 원합 니 - 다 - 채 워 주소서 - 주
의 사 랑을 - - 진 정한찬 - 양드 -릴 수있 도 -록 - 목 마 -른
나 의영혼 - 주 를 부르니 - - - 나 의맘 - 만져 - - 주 -소서
- - 주 님만을 원 합 니 다 - 더 원 합 니 다 - - -
나 의맘 - 만 져 - - 주 소 -서 -

찾아보기

초급 · 중급 · 고급 단계별로 연주하는
참 좋은 CCM 바이올린 연주곡집

발행일 2023년 8월 30일
발행인 남 용
편저자 황민경
발행처 일신서적출판사
주 소 서울시 마포구 독막로 31길 7
등 록 1969년 9월 12일 (No. 10-70)
전 화 (02) 703-3001~5 (영업부)
　　　 (02) 703-3006~8 (편집부)
F A X (02) 703-3009
I S B N 978-89-366-2859-8 93670

본 악보집은 한국크리스천음악저작권협회로부터 승인을 받았습니다.
(2023 05 04 05 16 - 1724468 - 1725167)

이 책에 수록된 곡들은 저작권료를 지급한 후에 제작, 출판하였으나 일부의 곡은
저작자 또는 저작권 대리권자에 대한 부분을 여러 매체나 기관을 통해 알아보려고
노력하였으나, 해당곡에 대한 저작자 및 저작권 대리권자에 대한 부분을 찾지
못하였습니다.
하지만 부득이 해당곡들을 사용하고자 하오니 부디 선처하여 주시기를 바랍니다.
추후 저작권 및 저작권 대리권자께서 본사로 연락을 주시면 곡의 사용에 대한
저작권법 및 저작자 권리단체의 규정에 따라 조치를 취할 것을 약속 드립니다.
저작자의 권리는 존중되어야 합니다.
부득이 저작권자의 승인없이 저작물을 사용하게 되어 대단히 죄송합니다.

값 12,000원